Norbert Winding · Martin Mészáros · Michael Schlamberger

Die Alpen · Im Reich des Steinadlers

Norbert Winding • Martin Mészáros • Michael Schlamberger

Die Alpen

Im Reich des Steinadlers

Die Deutsche Bibliothek - CIP-Einheitsaufnahme
Winding, Norbert:
Die Alpen : im Reich des Steinadlers / Norbert Winding ;
Martin Mészáros ; Michael Schlamberger. ORF. -
Graz ; Wien ; Köln : Verl. Styria, 2000
ISBN 3-222-12810-3

2. Auflage 2001
© 2000 Verlag Styria Graz Wien Köln
www.verlagstyria.com
Umschlaggestaltung: Kurt Rendl, Wien
Bildredaktion: Lukas Kogler
Grafisches Layout: die ORGANISATION, Graz
Gestaltung: Andrea Malek
Druck und Bindung: druckservice STYRIAN, Graz
Gedruckt auf Magnostar von **sappi**
ISBN 3-222-12810-3

Der Adler ist gelandet

Man möge mir verzeihen, dass ich Neil Armstrongs berühmte Worte bemühe, mit denen er am 21. Juli 1969 die erfolgreiche Landung der Mondfähre an das Space Flight Center der NASA meldete. Denn ähnlich euphorisch fühle ich mich, während ich diese Zeilen schreibe. Eine der aufwendigsten Produktionen, die UNIVERSUM je angegangen ist, setzt ebenfalls zur Punktlandung an – „Im Reich des Steinadlers", die dreiteilige Naturgeschichte des gesamten Alpenbogens.

Anfang der neunziger Jahre schrieb ich die erste Ideenskizze, wie das Projekt aussehen sollte. Es war klar, dass es in Mitteleuropa nur einen Lebensraum gibt, dem man eine Fernsehserie mit ähnlichem Aufwand widmen kann, wie es die BBC Natural History Unit seit Jahren tut. Und immer war die Angst da, dass die Briten uns „unsere Alpen" vor der Nase „wegfilmen" könnten. Das einzige Problem damals: UNIVERSUM hatte noch nicht das Produktionsniveau erreicht, wie es die internationalen Spitzenfilme vorgeben. Doch dann kam da ein junger Grazer Kameramann namens Michael Schlamberger, dessen Erstlingsfilm schon erkennen ließ, dass er das Zeug dazu hatte. Noch 1995, während der Arbeiten zu „Geheimnisse des Eisgebirges", seinem Porträt des Nationalparks Hohe Tauern, saßen wir erstmals zusammen, und das Projekt, Natur und Flora der Alpen umfassend ins Bild zu setzen, nahm reale Formen an. Mit Norbert Winding als wissenschaftlichem Berater und Klaus Feichtenberger als Koautor wurde ein erstes Kernteam eingesetzt, das sich später umfassend erweitern sollte.

Diese Vorbereitungsarbeiten gingen während unserer nächsten gemeinsamen UNIVERSUM-Produktion „Der smaragdene Fluß" über die slowenische Soča weiter. Dieser Film sollte der Schlüssel zur Realisierung der Alpen werden, denn dieses Meisterwerk verkaufte sich weltweit, gewann mehr als 20 Auszeichnungen bei internationalen Festivals und wurde sogar für den „Grünen Oscar" beim bedeutenden Wildscreen-Festival am Sitz der BBC Natural History Unit in Bristol nominiert.

Doch eine solche Serie ist viel zu kostspielig, als dass sie der ORF – oder die BBC – allein realisieren könnten. Koproduktionspartner mussten also gefunden werden – eine Aufgabe, die sich als überaus langwierig herausstellen sollte und zwei Jahre verschlang. Denn nicht die ganze Welt sieht die Alpen so, wie wir sie mit unseren Augen und unseren Herzen sehen. Für die einen sind sie nicht wilde Natur, sondern bloß ein großer Themenpark, in dem es sich nach Lust und Laune Ski fahren lässt. Für die anderen ein großer Haufen eiskalter Granitfelsen, in denen nichts Lebendiges existieren kann. Aber irgendwie schafften wir es, die Welt zu überzeugen, dass die Alpen mehr sind – das größte Stück Wildnis im Herzen des am dichtesten besiedelten Kontinents der Erde. Und nach unserem deutschen Traditionspartner ZDF beteiligten sich der amerikanische Discovery Channel, in Frankreich Canal+ und Docstar und in Slowenien RTV Slovenija an dem ehrgeizigen Projekt. Ihnen allen sei an dieser Stelle gedankt, dass es möglich wurde, diese Serie zu verwirklichen.

1997 lief die Produktion endlich an, und dass diese Serie eine der schwierigsten der UNIVERSUM-Geschichte werden würde, stand von Anfang an fest. Viele Menschen meinen, dass Naturfilme erst so richtig aufwendig werden, wenn sie fern der Heimat in Afrika gedreht werden. Doch das genaue Gegenteil ist der Fall: In der Serengeti genügen ein Landrover und ein ausgezeichneter Kameramann, um extreme Naturaufnahmen zu schießen. Die Tiere – vom Löwen bis zum Zebra – sind absolut an die Anwesenheit von Menschen gewöhnt. Ihnen nahe zu kommen, ist kein großes Problem, schwieriger ist es da schon, keine Touristensafari im Hintergrund ins Bild zu bekommen. In den Alpen ist das anders: Forststraßen bringen einen zwar hoch nach oben, aber um die besten Kamerastandpunkte zu bekommen, sind stundenlange Aufstiege mit dem schweren Filmequipment unerlässlich. Und da so gut wie alle Tiere der Alpen Jagdwild sind, vertragen sie kaum die Nähe des Menschen. Daher waren 650 Drehtage, fast zwei ganze Jahre, zu absolvieren, um die Sequenzen in den Kasten zu bekommen, zahlreiche Hubschrauberflüge, um faszinierende Luftaufnahmen zu schießen und um Sets für aufwendige Aktionen zu bauen.

Doch nun, weitere drei Jahre später, sind die drei Filme fertig und präsentieren die Alpen, wie sie noch nie zu sehen waren. Teil eins erzählt davon, wie die Gletscher der Eiszeit den Alpen den letzten Schliff verliehen und Tiere und Pflanzen aus Asien und der Arktis in den Alpenraum brachten. Teil zwei berichtet von den speziellen Überlebenstaktiken, die zahlreiche Arten entwickelt haben, um im extremen Klima der Alpen bestehen zu können – in einem Gebirge, wo auf einem einzigen Gipfel zur selben Zeit auf der Nordseite arktische Temperaturen und auf der Südflanke mediterrane Bedingungen herrschen können. Und Teil drei erzählt von der Rückkehr der großen Jäger in den Alpenraum, nachdem sie vom Menschen völlig ausgerottet worden waren. Die Bärenpopulation in Österreich ist heute ebenso stabil wie die der Luchse in der Schweiz. Jetzt geht es darum, dem Wolf in den Alpen wieder eine sichere Heimat zu bieten, der in allen Alpenländern vor einem Comeback steht. Auch sein Lebensrecht zu respektieren wird die größte Herausforderung für die Bewohner des Alpenraums für die Zukunft werden. Kann diese Serie einen Beitrag dazu leisten, hat sie schon viel erreicht.

„Im Reich des Steinadlers" ist eine Leistung, die nur von einem großen Team bewältigbar war; die Namen aller Mitarbeiter finden sie gesammelt auf Seite 239. Wir haben es gemeinsam unter schwierigsten Bedingungen geschafft, die Natur des Alpenraums so umfassend ins Bild zu setzen wie noch nie zuvor – als Mutter aller Gebirge, als Lebensraum, der trotz intensivem Tourismus und dichter Besiedelung bis heute Wildnis im wahrsten Sinne des Wortes bietet. Dieses vorliegende Begleitbuch soll die Themen der Serie vertiefen und das emotionale Fernseherlebnis mit nachlesbaren Fakten und Informationen ergänzen. Ich wünsche Ihnen, geschätzter Leser, viel Vergnügen und beiden Produkten, der UNIVERSUM-Serie und diesem UNIVERSUM-Buch, den Erfolg beim Publikum, den sie verdienen.

Dr. Walter Köhler
Executive Producer „Im Reich des Steinadlers"
Leiter der UNIVERSUM-Redaktion des ORF

Inhalt

Seite 8: Die höchsten Gipfel der Alpen sind das Erste, das die Sonne jedes neuen Tages zum Leuchten bringt. Aber sie sind auch das letzte Stück Mitteleuropas, das in der Abendsonne verglimmt.

Seite 10: Die ungezähmten Gebirgsflüsse zeigen, welche umwälzenden Kräfte das Wasser entfesselt. In große Trümmer zerschlagen und zu feinem Sand zerrieben transportieren die Flüsse das Gestein der Gipfel ins Tal.

Seite 12: Im Inneren der Gletscher spiegelt sich das scharfkantige Relief der Alpen wider. Mit zahllosen Hohlräumen, Spalten, Rissen und Kanälen hinterlässt das Wasser bizarre Formen im Eis.

Seite 14: Die Alpen bieten nicht nur eine erhabene Naturkulisse, sie sind auch die größte Wildnis Mitteleuropas. Zwischen den Gipfeln konnten Lebewesen überdauern, die anderswo längst vertrieben wurden.

Seite 16: Seit Jahrtausenden bekämpft, verfemt und zwischenzeitlich aus dem großen Gebirge in Mitteleuropa vertrieben, finden die Wölfe wieder in die Alpen zurück.

Seite 18: Kaum ein Gebirge auf der Welt kann mit prominenteren Gipfeln aufwarten – ein Erbe aus der Frühzeit des Alpinismus: Denn in den Alpen begann der Mensch, die höheren Regionen der Erde zu erforschen.

Seite 20: Inmitten des Kontinents, der am dichtesten besiedelt ist, wird die Natur in ihrer ganzen unheimlichen Ursprünglichkeit spürbar – nicht nur wenn das Zwielicht für gespenstische Stimmung sorgt.

Seite 22: Es sind seine extremen Formen, die das hohe Gebirge so faszinierend und fremd zugleich erscheinen lassen. Kaum vorstellbar, dass dieser kalte Ozean aus Stein und Eis eine einmalige Vielfalt des Lebens birgt.

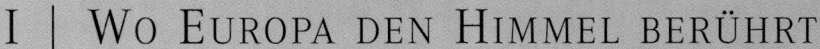

I | Wo Europa den Himmel berührt

Wo Europa den Himmel berührt

1200 Kilometer mächtige Ketten aus Gestein, bei Nizza aus dem Meer gehoben, zugespitzt zu Zehntausenden Zinnen, klingen südlich von Wien sanft wieder aus. Zwischen Côte d'Azur und Kahlenberg krümmt sich im weiten Bogen eine faszinierende Vielfalt von Landschaften, die vertraut und fremd zugleich erscheint.

Hoch oben in den Alpen verschmelzen Eis und Wolken miteinander – darunter wirken seit Urzeiten ungebremst die Kräfte der Natur: Ursprung und Höhe verdanken die Alpen der Kollision zweier Kontinente. Ihr Formenschatz beruht auf den tief schürfenden Kräften der Gletscher, der Sprengkraft des Frostes und den trickreichen Eigenschaften des Wassermoleküls. Und ihre Lebensfülle rührt von den glück-

lichen Zufällen der Klimageschichte, vom ewigen Wechsel der Warmzeiten und Kälteperioden.

Von weither kamen Tiere und Pflanzen in die Alpen – aus dem Himalaja Zentralasiens ebenso wie aus der Arktis. Manchen schnitt das Ende der Eiszeit den Rückweg ab. Andere drangen nach Mitteleuropa vor, als die steigenden Temperaturen die Wanderlust anstachelten. Nur wenige Bewohner des mächtigen Gebirgszugs stammen von Arten ab, die schon ursprünglich hier heimisch waren, lange bevor das Klima während der Eiszeiten Millionen Jahre hindurch heftige Kapriolen vollführte.

Das Gebirge zwischen dem Golf von Genua und dem ungarischen Tiefland versorgt große Flächen Europas mit Fließwasser: Keine Regenfront kommt an ihm vor-

bei. Durch ihre hervorragende Höhendimension tren- nen die Alpen das mediterrane vom atlantischen und kontinentalen Klima. Sie verstärken Gegensätze und bilden Barrieren.

Die Gipfel des Montblanc, des Matterhorns oder des Monte Rosa würden kaum vermuten lassen, welche lieblichen Landschaften sich rund um den Gardasee oder im Wallis erstrecken. Im Frühling stecken die Hochlagen im Zentrum der Alpen noch unter Panzern von Schnee und Eis. Zu selben Zeit taumeln bereits unzählige Schmetterlinge über die blühenden Hänge der Südlagen. Am Fuß der Südalpen verbreiten Oli- venhaine duftiges mediterranes Flair. Als Kontrast dazu im Hintergrund: die kalte Blässe der Gletscher. Vor solchen Naturkulissen treffen wärmeliebende

Vom ewig weißen Gipfel des Montblanc geht eine geheimnisvolle Faszination aus. „Man hatte Müh', in Gedanken seine Wurzeln wieder an der Erde zu befestigen", berichtet Johann Wolfgang von Goethe von einem Ausflug zum mächtigsten Gipfel der Alpen.

Vorhergehende Doppelseite: Über 1200 Kilometer erstrecken sich die Alpen zwischen Nizza und Wien. In den Dolomiten überblickt man ein schier endloses Gipfelmeer mit eisbedeckten Giganten. Doch nicht sie allein haben die Alpen als das schönste Gebirge der Welt berühmt gemacht, sondern seine Vielfalt an unterschiedlichsten Landschaften auf engstem Raum.

Sie gehören zwar zur klassischen Vorstellungswelt der Alpen, dennoch stammen einige der prominentesten Bewohner des mitteleuropäischen Hochgebirges gar nicht aus dieser Gegend. Nicht einmal echte Europäer sind sie. Manche kamen aus dem Norden, aus der Arktis. Edelweiß und Murmeltiere gehören zur anderen großen Gruppe von Alpenbewohnern, die im Gefolge der Eiszeit aus den Kältesteppen Asiens eingewandert sind.

Smaragdeidechsen ihre Paarungsvorbereitungen zwischen aufgeheizten Steinen und begleitet vom Gesang der Zikaden.

An den Hängen, auf den Graten und über den Spitzen der Alpen erprobte die Natur neue Lösungen für das Problem des Überlebens. Steinböcke mussten ihre Klettertechnik perfektionieren und lernen, in kahlen Wänden Nahrung zu finden. Schneehasen entwickelten eine betont unauffällige Wintertracht. Schneehühner nutzten die Wärme des Schnees, um nicht zu erfrieren. Pflanzen wappneten sich mit biologischen Frostschutzmitteln gegen die Kälte. Schneemäuse drangen selbst auf die höchsten Gipfel vor, indem sie geschickt die Bedingungen nutzten. Größere Säugetiere verschlossen die Augen vor dem Grimm des Winters und verbrachten Monate im Winterschlaf.

Es sind seine Extreme, die das hohe Gebirge so faszinierend machen. Doch wo so vieles die menschliche Dimension überragt, wachsen auch Mythen und Missverständnisse in den Himmel. Zu einer Zeit, als die Erde bereits umsegelt war, blieben die entlegenen Täler und unzugänglichen Gipfel Neuland. Frühe Naturforscher wähnten deshalb noch feuerspeiende Drachen und furchterregende Fabeltiere im Gebirge. Dabei hatten bereits vor mehr als 50.000 Jahren erste Menschen die Landschaften am Fuß der Berge besiedelt. Damals waren sie vom Wildreichtum in die großen Wälder gelockt worden. Nach dem Ende der Eiszeit folgten sie dem Ruf edler Metalle und Mineralien. Ein leichtes Terrain hatte man sich nicht ausgesucht: Bergstürze, Lawinenabgänge und Vermurungen machten die steile Landschaft den Menschen zum Feind. In die Wände oder die Hänge kletterte man nur, wenn es gar nicht anders ging. Wahrscheinlich erst im Jahr 1511 erklomm ein Mensch aus schierem Spaß und Wissensdurst einen – etwas kleineren – Bergriesen, den 2556 Meter hohen Monte Bô. Dieser übermütige Hochtourist war ein gewisser Leonardo da Vinci. Er hat damals wohl das Bergsteigen erfunden. Zu diesem Zeitpunkt hatten die Kulturlandschaften bereits breite Schneisen in die Täler geschlagen. Wälder waren gerodet worden, um die Rohstoffgewinnung zu befeuern und Platz zu schaffen für immer mehr Weidetiere. Das brachte die Menschen in Gegnerschaft zu vielen angestammten Bewohnern der Wild-

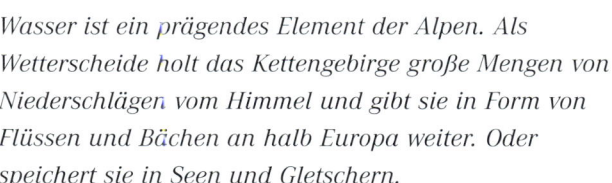

Wasser ist ein prägendes Element der Alpen. Als Wetterscheide holt das Kettengebirge große Mengen von Niederschlägen vom Himmel und gibt sie in Form von Flüssen und Bächen an halb Europa weiter. Oder speichert sie in Seen und Gletschern.

Im Reich des Steinadlers konnte eine ausgesuchte Gesellschaft von Tieren überleben: An Kälte gewöhnte Spezialisten aus der Arktis wie Schneehühner und Schneehasen, Kletterkünstler wie die Steinböcke oder anspruchsvolle Jäger wie der Luchs machen die Alpen zu einer natürlichen Arche Noah aus Eis und Fels.

nis: Wölfe, Luchse, Bären und Bartgeier wurden als Schädlinge, mitunter sogar als Dämonen erbittert verfolgt und ausgerottet oder wie die Steinadler fast ganz aus ihrem Reich vertrieben. Statt Abschussprämien und Aberglauben setzte man im 20. Jahrhundert auf Wiederansiedlungsprojekte und strenge Schutzbestimmungen. Dabei zeigte die Natur am Dach Europas ihre erstaunlichen Selbstheilungskräfte.

Das riesige Relief aus Eis und Fels ist nämlich mehr als ein Naturdenkmal von gigantischer Proportion. Es ist ein Lebensraum von überragender Vielfalt: Ob zwischen den sturmumtosten Nordwänden und den sanft besonnten Südhängen oder zwischen den regnerischen Randlagen und den Trockenrasen der niederschlagsarmen Längstäler – in den Alpen konnte ein üppiger natürlicher Reichtum auf engstem Raum entstehen.

Schon in der Verteilung der Pflanzen wird der Reichtum sichtbar. Bis 1600 Meter bedecken dichte Mischwälder weite Teile der Gebirgsstöcke. Hier wird die Artenvielfalt von klassischen europäischen Waldbewohnern bereichert. Darüber allerdings, in den Wäldern aus Lärchen, Zirben und Fichten, beginnt der Lebensraum der Spezialisten. Sie könnten kaum sonstwo auf diesem Kontinent ihr Auskommen finden. Über 2000 Meter Höhenlage belasten tiefe Temperaturen, kurze Vegetationszeiten und mehr als 200 Frosttage im Jahr die Energiebilanz der Bäume. Sie wachsen viel langsamer als weiter talwärts – und kaum mehr in die Höhe, sondern als Krummholz oder Zwergstrauch den Boden entlang. Und in den höchsten Lagen der Gebirge können es je nach Standort nur mehr Gräser, Polsterpflanzen und einige besonders hartnäckige Blumen aushalten.

Auf 200.000 Quadratkilometern bieten die Alpen der Natur unzählige Möglichkeiten, sich auszuleben. Das Relief des Gebirges ist verwinkelt, die Höhenunterschiede sind beträchtlich. Dazu kommt der Standort als Wetterscheide. All das schafft in den Alpen ein kleinteiliges Flechtwerk von Lebensräumen. Damit konnte auch ein ungewöhnlich reichhaltiges Angebot ökologischer Chancen entstehen.

Anderswo muss man Hunderte Kilometer wandern, um in die nächste Klimazone zu kommen. In den Alpen ist sie nur ein paar Hundert Meter entfernt. Und viele dieser biologischen Nischen entziehen sich durch ihre unerreichbare Lage dem menschlichen Zugriff − vor allem das zeichnet die Alpen aus: als letzte große Wildnis Europas.

Es sind nicht nur die Zinnen, Gipfel und Grate, die das grandiose Gebirge zu einem wertvollen Lebensraum machen. Riesige zusammenhängende Waldflächen bedecken die Gebirgsstöcke und bergen eine ursprüngliche Vielfalt von Tieren und Pflanzen.

Vorhergehende Doppelseite: Die Julischen Alpen in Italien und Slowenien gehören zu den ursprünglichsten Teilen der alpinen Wildnis.

Folgende Doppelseite: Weite Teile der Alpen sind extrem schwer zugänglich. Aber gerade deshalb konnten viele Tiere und Pflanzen überdauern, die woanders längst vertrieben sind.

II | Kindertage eines gebirgszugs

Kindertage eines Gebirgszugs

Unter dem Meer lag ein sagenhafter Kontinent begraben. Auf seinen höchsten Gipfeln siedelten Korallen, statt ausgedehnter Wälder wucherte das Algendickicht, durch die Täler zogen geheimnisvolle Tiefsee-Riesen, die Plateaus waren von zahllosen Unterwasser-Vulkanen zernarbt. Doch versunken war dieser Kontinent nicht – im Gegenteil: Er war gerade erst dabei aufzutauchen.

Vor 250 Millionen Jahren scheint alles noch hübsch, einfach und überschaubar gewesen zu sein. Es gab eine riesige Landfläche auf der Erde, der Rest der Oberfläche bestand aus Wasser. Doch irgendwann schafften es die unbändigen Kräfte im Inneren des Planeten, den Urkontinent Pangäa auseinander zu reißen. Wassermassen aus dem riesigen Weltmeer strömten in die Risse, fluteten die frischen Fugen in der Erdkruste, bedeckten alles, was nicht hoch genug

Dieses Gestein lag einst tief auf dem Meeresgrund. Anderswo in den Alpen wurden die Gesteinsschichten gewaltig durcheinander geknetet, doch in den Dolomiten blieben Kalkschichten vom Grund des Urozeans erhalten.

Vorhergehende Doppelseite: Diese mächtigen Bergketten sind das Werk rastloser Kontinente, die sich ineinander verkeilt und verschoben haben. Wo Afrika und Europa zusammenprallten, warf sich die Erdkruste in Falten und hob sich himmelwärts.

aufgetürmt war. Zunächst verabschiedeten sich zwei Riesentrümmer voneinander, ein Teil driftete nach Norden, den anderen zog es südwärts. Gondwana, das umfangreiche südliche Bruchstück, umfasste neben dem heutigen Afrika unter anderen auch jene Landmassen, die einmal Kleinasien und Italien bilden sollten. Richtung Norden machte sich Laurasien auf den Weg mit dem Großteil Europas und Asiens an Bord.

Der entstehende Zwischenraum füllte sich nach und nach mit Meerwasser aus dem Urozean. Fünf Millionen Jahre nach Beginn der kontinentalen Trennung schied ein schmaler Meeresarm die tektonischen Riesenplatten zwischen dem heutigen Südeuropa und Nordafrika. Keine 20 Millionen Jahre später hat dieses Meer, die Tethys, schon weite Teile Europas überflutet. Die Stelle, an der heute die Alpen stehen, stand längst unter Wasser. Im Verlauf weiterer 70 Millionen Jahre sollte das Urmeer bis nach Schweden reichen, bis in die Ukraine im Osten und Irland im Westen.

Tropische Vegetation, Riffe und Atolle, die vereinzelt aus dem offenen Ozean ragten – leicht hätte man Mitteleuropa mit den Bahamas verwechseln können. Aber unter der paradiesischen Oberfläche brodelte es. Der Planet kam nicht zur Ruhe und warf reihenweise vulkanische Unterwassergebirge auf. Inmitten dieser allgegenwärtigen Geodynamik hatte sich allerdings in den Tiefen der Tethys längst das pralle Leben breit gemacht. Korallen besiedelten die erkalteten Lavaströme, dazwischen tummelten sich seltsame Tiefseekreaturen sonder Zahl.

Ihre enorme Anzahl und Siedlungsdichte ist bis heute in die Gesteinsschichten der Alpen eingeschrieben – so wie jede Epoche eine charakteristische Botschaft an die Nachwelt im Sediment vergräbt. Im Fall des Jura, also vor 205 bis 135 Millionen Jahren, haben die riesigen Mengen von abgestorbenem organischem Material eine dicke Schicht hinterlassen. Durch ihre unstete Vergangenheit geben die Alpen diese Zeugnisse an manchen Stellen frei und erlauben einen flüchtigen Blick zurück in jene Zeit, als die Tethys ihre größte Ausdehnung hatte. Das Schweizer Jura-Gebirge heißt natürlich nicht zufällig so, hier finden sich viele besonders gut erhaltene Fossilien im schwarzen Stein: Muscheln, Schnecken, Seelilien, frühe Formen der Krebse – und vor allem jede Menge Ammoniten. Diese

frühen Verwandten der Tintenfische sehen aus wie Schnecken mit Fangarmen und waren allgegenwärtig im Urozean.

Besonders weit oben in der Nahrungskette standen die Kopffüßer aber nicht. Dafür sorgten schon die Ichthyosaurier. Die Vorfahren dieser Wasser bewohnenden Reptilien hatten noch in trockenen Milieus gelebt, komplett mit Lungen und Beinen. Die Gewohnheit, Luftsauerstoff zu atmen, behielten die Fischsaurier bei, die Schreitextremitäten passten sich über die Jahrmillionen immer perfekter an die aquatischen Erfordernisse an, Arm- und Beinknochen verkürzten sich zusehends, Fingerknochen wurden immer flacher und runder, bis sich schließlich echte Flossen herausgebildet hatten.

Im Fall der Fischsaurier sorgten die kräftigen Flossen gemeinsam mit einer schnittigen Stromlinienform für beträchtliche Geschwindigkeiten. Bei einem flüchtigen Blick hätte man die Ichthyosaurier für Delfine halten können; wäre da nicht eine ungewöhnlich senkrechte Schwanzflosse, die bei den im Wasser lebenden Reptilien für den nötigen Vortrieb sorgte. Die haben Delfine nämlich in quer gelegter Ausführung. Womit

Die Ichthyosaurier waren eine der ersten Tierarten, die lebende Junge zur Welt brachten. Rein äußerlich sehen diese Fischsaurier Delfinen ähnlich, auch wenn sie nicht mit ihnen verwandt sind.

sich der Verdacht bestätigt, dass trotz der äußeren Ähnlichkeit keinerlei evolutionäres Verwandtschaftsverhältnis besteht.

Immerhin schien die Natur bei den Ichthyosauriern einige Tricks auszuprobieren, die für Reptilien eher unziemlich scheinen. Die auf dem Land lebenden Vorfahren der Fischsaurier hatten sich noch damit begnügt, den Nachwuchs in einer schützenden Eihülle von der Sonne ausbrüten zu lassen oder von einem Haufen mit verfaulendem Kompost, wie es die Krokodile bis heute tun. Für die Ichthyosaurier erwiesen sich solche Methoden der Nachwuchspflege als zunehmend unpraktisch. Vor allem, weil man dazu das Meer verlassen musste, was mit Beinen noch eini-

germaßen funktioniert, sich aber mit Flossen vergleichsweise mühsam gestaltet. Warum also nicht gleich lebende Junge zur Welt bringen? Die Ichthyosaurier gehörten zu den ersten Arten, die diese neue Strategie ausprobierten.

Zwischen den beiden Kontinental-Bruchstücken bahnte sich eine folgenschwere Kollision an. Ein Crash in Superzeitlupe − er hat vor 75 Millionen Jahren begonnen und dauert bis heute. Die Afrikanische Platte beginnt wieder nach Norden zu driften. Das Tethys-Meer wird zusammengeschoben, die Wassermassen werden langsam aus dem europäischen Raum verdrängt. Am Ozeanboden schieben sich die Gesteinsschichten übereinander, und an manchen Stellen wird

Oben: Wo sich heute die Alpen auftürmen, erprobte die Evolution vor mehr als 100 Millionen Jahren neue Lebensformen unter Wasser. Der Löffelschnabelsaurier wurde bis zu fünf Meter lang und jagte in den Küstengewässern des Urmeers.

Rechts: Die Wucht der kontinentalen Kollision ließ keine Gesteinsschicht auf der anderen. Manche Schichten wurden unter die geologischen Platten gedrückt, andere hoch übereinander getürmt, ineinander geschoben oder miteinander verrührt.

die Kruste weit in die Tiefen des Erdmantels gedrückt. Vor 35 Millionen Jahren, inzwischen war das Tethys-Meer bereits völlig verdrängt, verstärkte die Afrikanische Platte ihre Nordbewegung – als Rammbock vor sich jenen Teil der Erdkruste, der einmal Italien werden sollte. Die von Süden herandriftende Kontinentalscholle staute sich am Vogesen-Schwarzwald-Massiv, an der Böhmischen Platte und dem Französischen Zentralmassiv. Dadurch entstand die heutige Alpengestalt in Form einer gekrümmten Kette, die von Westen nach Osten verläuft.

Den stärksten Druck entwickelte die Kontinental-Karambolage im Bereich der Westalpen, wo uralte Gebirgsmassive mehr Widerstand leisteten. Mont-blanc, Gotthard oder Grandes Rousses existierten nämlich schon lange, bevor Pangäa zerbrach. Tief im Erdaltertum, beginnend vor 450 Millionen Jahren, waren diese Urmassive bereits entstanden. Acht Gebirgszüge in der Schweiz, in Frankreich und Italien haben aus diesem Grund eine doppelte Gebirgsbildung hinter sich, an diesen Stellen bildeten sich große Mengen von enorm harten Gesteinen. Ihr geologischer Aufbau bot den Kräften der Erosion weniger Angriffsfläche als anderswo. Deshalb stehen dort auch die höchsten Gipfel der Alpen.

Diese „autochthonen Massive" wurden in dem Crash der Erdteile in ihrer Position nicht verschoben – glaubte man zumindest bis vor kurzem. Dann ließ

Die Afrikanische Platte schob sich unter Europa, verdrängte das Tethys-Meer und legte die Erdkruste in Falten. In dieser Knautschzone erhoben sich die Alpen und bildeten ein Gemisch aus Sedimenten, jungem Vulkangestein und alten Gesteinsschichten.

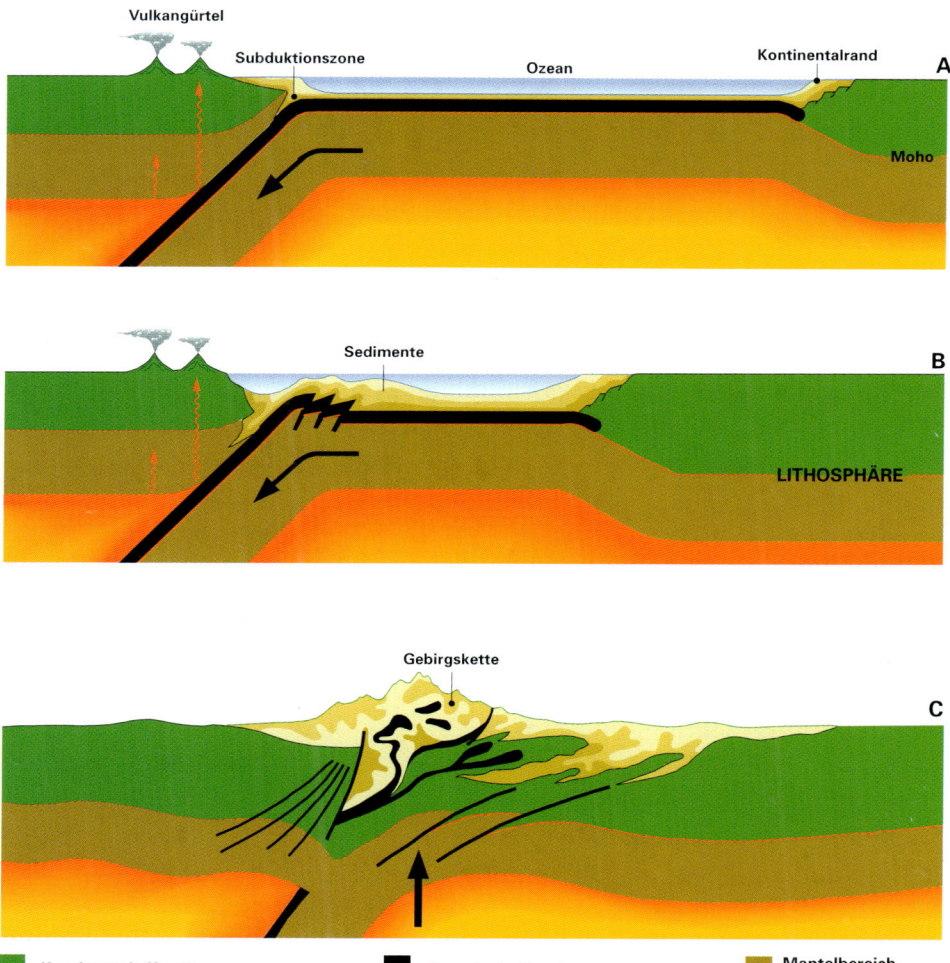

man LKWs aufstampfen. Und zwar mit einer speziellen Hydraulik-Presse, einer Art überdimensioniertem Stempel aus Stahl. Geophysiker aus Österreich, der Schweiz, Deutschland und Italien haben diese Spezialfahrzeuge entwickelt, um schwache seismische Wellen zu erzeugen. Anhand der Art, wie diese Wellen reflektiert werden, erhalten die Erdwissenschaftler ein exaktes Bild aus den Tiefetagen der Alpen – aus bis zu 70 Kilometer Tiefe. Bei solchen Messungen konnte man auch feststellen, dass das Berner Aare-Massiv – lange als unverrückbarer Granit-Gigant angesehen – durch die Plattenkollision entwurzelt worden war und sich heute ein ziemliches Stück weiter nördlich befindet als ursprünglich.

Auch überall sonst blieb keine Gesteinsschicht auf der anderen. Unter dem gewaltigen Druck zersplitterte die europäische Oberkruste in gigantische Späne, die

nach Norden geschoben und übereinander gestapelt wurden. In dieser Knautschzone zwischen den Kontinenten wanderten die Reste des Ozeanbodens entweder hinauf oder tauchten in den flüssigen Sphären des Erdmantels unter die Europäische Platte ab. Gleichzeitig schob sich die afrikanische Kruste über Teile der europäischen Deckenstapel, was die Erdkruste an diesen Stellen auch wesentlich verdickt hat. Die Schubwirkung bei der Faltung war enorm: Von etwa 700 Kilometer Breite des Ablagerungsraumes im Urozean auf die heutigen 150 Kilometer Gebirgsquerschnitt – eine kolossale Verkeilung und Stapelung von Gesteinspaketen und Sedimentschichten, die ursprünglich womöglich Hunderte Kilometer voneinander entfernt lagen.

Die vielfältige geologische Natur der Alpen trägt ihre bewegte Geschichte in sich eingeschrieben. Manchmal ordentlich aufeinander geschichtet wie in den Dolomiten, aber meistens wild durcheinander geknetet. Grundsätzlich sind dabei die östlichen Regionen der Gebirgskette ganz anders strukturiert als die Westalpen. Dort treten durchaus auch die Sedimentgesteine aus dem Penninischen Meer, einem Randgebiet der riesigen Tethys, an vielen Stellen offen zutage, oft durchsetzt von versteinerten Zeugen der Tier- und Pflanzenwelt des Urozeans.

In den österreichischen Ostalpen hingegen haben die Schichten der Adriatischen Platte die Topographie überformt, als sich die Kontinente ineinander verkeilten. Nur an wenigen Stellen treten Sedimentgesteine aus dem Penninischen Meer oder tiefe Teile der europäischen Kruste an die Oberfläche. Das berühmte Tauernfenster ist ein solches Guckloch in die geologische Vergangenheit.

Wie es entstanden ist, kann niemand genau sagen. Wahrscheinlich hat ein Keil der Adriatischen Platte diesen Teil der europäischen Erdkruste abgeschabt und tiefere Gesteinsschichten wie ein Pflug nach oben gedrückt. So treten zwischen Brenner und Katschberg kristalline Gesteine an die Oberfläche, die vor 35 Millionen Jahren noch von 30.000 Meter Gestein bedeckt

waren. Unter dem hohen Druck und den hohen Temperaturen in der Tiefe bildeten sich kostbare Kristalle und Edelmetalle; so wurden Smaragde, Gold und Silber in den Tauern gefunden.

Insgesamt erreichten die Alpen während der so genannten Faltungsphase bis vor 20 Millionen Jahren aber an den meisten Stellen kaum Mittelgebirgshöhe. Der eigentliche Aufstieg der Alpen zum Dach Europas begann erst danach. Und ein Ende ist nicht absehbar. Fortwährend drückt die Afrikanische Platte nordwärts und schiebt sich weiter über den europäischen Teil der Erdkruste. Die aktuelle Seehöhe der Alpen ist das Ergebnis dieses Prozesses, der nach wie vor jedes Jahr für ein paar Millimeter Hebung sorgt. Dass die Alpen nicht in den Himmel wachsen, dafür sorgen die mächtigen Kräfte der Erosion, die Zuwächse wieder abtragen und im Moment für ein Gleichgewicht sorgen.

Bis heute stemmt sich die Afrikanische Platte gegen die europäische Landmasse und hebt die Alpen jedes Jahr ein kleines Stückchen himmelwärts. Aber da die Kräfte der Erosion ebenso unablässig auf die Alpen wirken, bleiben die Gipfel ungefähr so hoch wie sie sind.

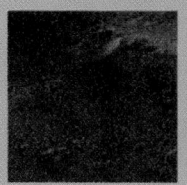

III | Im Antlitz der Alpen

Im Antlitz der Alpen

Die Bewegung der Kontinentalplatten sorgte lediglich für den Werkstoff, aus dem die Alpen gebaut sind. Den Feinschliff der alpinen Form erledigten andere Kräfte in Jahrmillionen von Kleinarbeit. Die Kollision der Kontinente hatte die Gesteinsschichten kräftig durcheinander gerührt, das Unterste zuoberst gekehrt und mächtige Massive entwurzelt – eine Kleinigkeit im Vergleich zu den wirklich mächtigen Steinmetzen der Natur. Sie versetzen tatsächlich die Berge und dazu

benötigten sie nur die trickreichen Fähigkeiten eines einzigen Moleküls.

Wasser verfügt nämlich über einige sehr wirkungsvolle Eigenschaften. Wenn es gefriert, bildet es Kristalle, die allerdings zusätzlichen Raum einnehmen, etwa um die neun Prozent. Dieser simple Umstand hat dafür gesorgt, dass ganze Gebirge in Schutt und Staub gelegt wurden. Kein Wunder eigentlich, stemmt sich doch der expansive Stoff bei minus 20 Grad mit zwei

Tonnen Sprengkraft gegen jeden Quadratzentimeter, der ihn umgibt. Die Haufen von Gesteinstrümmern zu Füßen der Dolomiten-Gipfel lassen erahnen, welche ungeheuren Mengen durch Frostverwitterung aus den Massiven gesprengt wurden.

Was in den vergangenen 20 Millionen Jahren an Material abgegangen sein mag, davon zeugen die heutigen Gipfel. Sie sind eigentlich nur, was die allmächtigen Verbündeten Frost und Wasser verschont oder – bes-

ser – vorläufig übrig gelassen haben. Je mehr Widerstand der Berg leistet, umso steiler frisst sich der Spaltenfrost aufwärts. Schichtwechsel im geologischen Aufbau sorgen oft für terrassenartige Strukturen. Und an manchen ausgewählten Stellen haben Nässe und Kälte Kunstwerke wie die Vajoletürme in den Dolomiten erschaffen.

Besonders extrem wirkt sich die Sprengkraft an der Fels-Eis-Grenze aus, wo Gletscher und permanente Schneeflecken an aperes Gestein anschließen. Hier pendelt die Temperatur rund um null Grad Celsius, werden ständig Schnee und Eis geschmolzen, dann wieder gefroren – mehr als 250-mal pro Jahr. Durch den dauernden Wechsel der Ausdehnung ermüdet das steinerne Material schneller, bricht und splittert ab. Wenn sich an einer solchen Stelle obendrein mehrere Gesteinssorten vermengen, die hinsichtlich Härte und Spannung sehr unterschiedlich stark belastbar sind, zerbirst die Wand noch viel schneller.

Für geologische Abtragungsarbeiten kommt eine weitere Eigenschaft des Wassers ins Spiel. Es ist ein ausgezeichnetes Lösungsmittel, unter anderem auch für Kohlendioxid, wodurch Kohlensäure entsteht. Was angenehm auf der Zunge prickelt, kann kalkhaltige Gesteinssorten nachhaltig annagen. Trostlos anmutende Karstlandschaften wie das Tote Gebirge im Salzkammergut zeigen, wie gründlich die chemische Verwitterung arbeiten kann. Die Auflösungstendenzen unverrückbar scheinender Bergmassive werden aber auch in klassischer Dramatik im Steinernen Meer, im Tennengebirge und Dachstein sichtbar. Im Verborgenen wirkt die chemische Reaktion weiter: Die schwache Säure frisst sich langsam, aber beständig durch die unteren Etagen der kalkhaltigen Gesteine, bohrt tiefe Kanäle, unterhöhlt Hörner, Grate und Flanken.

Grob zugerichtet von den felsbewehrten Eiswalzen der Gletscher, fein ziseliert von Frost und Wasser, geätzt mit Kohlensäure – die Drei Zinnen in den Dolomiten sind eine der berühmtesten Steinskulpturen der Alpen.

Vorhergehende Doppelseite: Gletschertor am Mittelbergferner in den Ötztaler Alpen.

Durch ihr unablässiges Wirken legt die Korrosion gemeinsam mit den Kräften der Frostverwitterung gnadenlos die Schwächen im Bau der Alpen offen, macht innere Strukturen sichtbar, zeichnet Bruchlinien nach. Dabei muss man aber noch mit einer weiteren mechanischen Größe rechnen. Haben Frost und Kohlensäure die Oberfläche aufgelockert und zerkleinert, wird der Berg obendrein mit seinem eigenen Material aufgerieben. Den Transport der schleifenden Sande und Gesteinsbrocken übernimmt wieder der fließende Feind alles Massiven. Wenn zum Beispiel ein Wildbach nur einen halben Millimeter Material pro Jahr abträgt, hat er nach 100.000 Jahren eine Schlucht von 50 Meter Tiefe in den Berg geschnitten.

Rechts: Die mächtigen Verbündeten Eis und Wasser haben auch die Hohen Tauern klein gekriegt. Die heutigen Alpengipfel sind streng genommen nur, was die Kräfte der Erosion vorläufig als Rest gelassen haben.

Unten: Erst am Ergebnis der natürlichen Steinmetzarbeit zeigt sich, wie verwundbar der scheinbar massive Fels sein kann, wenn das Wasser in kleinste Ritzen vordringt und dort sprengt, schneidet und unterhöhlt.

Das Wasser versetzt die Alpen ständig in Bewegung. Milliarden Tonnen Gestein werden jedes Jahr von Flüssen, Bächen und Wasserfällen durch die Alpen transportiert; sie schaben, schlagen und schleifen in den Bachbetten und Flusstälern entlang − und tragen die Alpen damit langsam ab. Was in den letzten 20 Millionen Jahren an Material abgetragen, mit den Flüssen auf dem gesamten Kontinent verteilt und

schließlich zu Sand zerrieben wurde, übertrifft das derzeitige Gesamtvolumen der Alpen bei weitem.

Wie wählerisch diese vielfältigen Inkarnationen der Wasserkraft mit dem Material umgehen können, zeigt sich an den bizarren Formen der Erdpyramiden. Sie bestehen zwar nicht aus solidem Gestein, sondern aus allerlei Materialvermengungen, wie sie Gletschermoränen hinterlassen. Dennoch wird an dieser Laune der Geomorphologie die Wirkungsweise der Wasserkraft deutlich. Die hat ihnen nämlich ihre schlanke Kegelform verpasst, die im Extremfall sogar an dünne Nadeln erinnert. Eine wichtige Rolle spielt dabei aber auch der Zufall.

Er muss einen Brocken wenig verwitterungsempfindlichen Gesteins bereitstellen. Dann muss nur noch jahrtausendelang Wasser darüber fließen – und der

Oben: Seine landschaftsformende Kraft erhält der Gletscher erst durch das Schleifmaterial, das er mitführt. Mit großen Brocken und feinstem Sand zerfurchen die Gletscher das Antlitz der Alpen.

Unten: Bei seinem unendlich langsamen Fluss ins Tal entstehen im Inneren des Gletschers Spannungen von unvorstellbarer Sprengkraft. Die Zugkräfte spalten den Eispanzer und legen die Gletscheroberfläche in Falten.

wetterfeste Brocken schützt die Schichten unter sich. Rundum zerfrisst und zerreibt das Wasser das Material, übrig bleibt eine Säule mit einem Steinbrocken obendrauf. Aber wehe, der fällt dann irgendwann herunter. Die schönsten und höchsten Erdpyramiden finden sich jedenfalls in der Finsterbachschlucht über Bozen, manche balancieren ihren Deckstein in mehr als 30 Meter Höhe.

Wasser macht die Berge verwundbar, zerschneidet und unterhöhlt sie, dringt in die kleinsten Ritzen vor und sprengt sie. Irgendwann ist ein kritischer Punkt der Perforation erreicht – umso früher, wenn andere Kräfte am Zusammenhalt der Felsen zerren: größere geologische Verwerfungen und Gesteinsschichtwechsel, kleinere Spannungen zwischen Materialien. Diese Kombination sorgt für manche der größten Schübe beim fortwährenden Abtragungsprozess der Alpen.

Und manchmal krachen sogar halbe Berge in sich zusammen, so wie im Jahr 1963 ein ordentlicher Teil des Monte Toc in den Venezianischen Alpen. Unvorsichtigerweise hatte man einige Jahre zuvor gerade an der Stelle ein Speicherkraftwerk mitsamt der damals höchsten Bogenstaumauer der Welt errichtet. Am 8. Oktober lösten sich etwa 250 Millionen Kubikmeter Stein und rutschten in das Staubecken. Dadurch wurde eine riesige Menge Wasser verdrängt, 48 Millionen Tonnen davon schwappten über die Staumauer und fluteten das darunter liegende Piave-Tal samt der Gemeinde Longarone. Fast 2000 Menschen starben in der Flutwelle aus Wasser, Schlamm und Gestein, Longarone wurde fast völlig von der Landkarte ausradiert. Bis heute ist die Stelle deutlich zu erkennen, an der ein Stück des Berges abgerissen ist.

Grundsätzlich finden Felsrutschungen und Schuttbewegungen permanent statt und halten die Alpen in Bewegung. Seltener sind Bergstürze im Ausmaß der Piave-Katastrophe oder des Unglücks im Jahr 1987 am Crap del Solk, unweit des klassischen lombardischen Schiortes Bormio, als 40 Millionen Kubikmeter Steintrümmer drei Dörfer und mit ihnen 29 Menschen begruben.

Ob Gestein angenagt wird oder Felsspalten gesprengt werden – das kann allenfalls ein paar kleine Fältchen ins Antlitz der Alpen legen. Die Grundzüge ihres Profils verdanken die Alpen einer weiteren kuriosen

Eigenschaft des Wassers: Es neigt nämlich unter den Bedingungen der Schwerkraft auch im festen, also gefrorenen Zustand zu Fließbewegungen. Augenfälligster Ausdruck dieses Phänomens sind die Gletscher, die sich um die mächtigsten Schultern, die höchsten Pässe schmiegen. Doch es gab eine Zeit, als auch kleinere Erhebungen von ewigem Weiß geziert wurden. Die letzte Eiszeit endete vor rund 12.000 Jahren. Davor war es rund zwei Millionen Jahre lang mit den Temperaturen immer wieder steil abwärts gegangen. Mit dem jüngsten Eiszeitalter, dem Pleistozän, wurde eine grundlegende Abkühlung des Klimas im Alpenraum eingeleitet. In den vergangenen beiden Millionen Jahren schließlich schwankten die Durchschnittstemperaturen stark, das heißt, es wechselten einander alle paar Hunderttausend Jahre Kalt- und Warmzeiten

In Nord- und Südtirol sagt man zum Gletscher „Ferner", in Osttirol, Kärnten und Salzburg „Kees", in Italien „Ghiacciao" – aber einer ist in allen Sprachen der Größte: Der Aletschgletscher fließt etwa 25 Kilometer durch die Finsteraarhorngruppe im Berner Oberland.

Folgende Doppelseite: Auch die sanften Formen der Nockberge sind das Vermächtnis von Erosion und Eiszeit.

ab. Die letzte dieser Glazialzeiten erreichte vor 18.000 Jahren ihren Höhepunkt.

Tiefpunkt müsste man eigentlich sagen, denn während dieser Würm-Eiszeit lag die Schneegrenze etwa 1300 Meter weiter talwärts als heute. Im Schnitt ebenfalls zehn Grad tiefer lagen die Sommertemperaturen. Folglich waren die meisten Täler von Gletschern aufgefüllt, die eine „Talnetzvergletscherung" bildeten; die Eisströme überzogen die Umgebung von Salzburg und Klagenfurt mit einem soliden Eispanzer, vielleicht 50 Kilometer vor Nizza lagen die südlichsten Gletscherzungen, ungefähr dort, wo sich heute die Autobahnabfahrt München befindet, verebbten die letzten Fluten von Gefrorenem. Von oben betrachtet, wären die Alpen ebenfalls nicht wieder zu erkennen gewesen. Nur die höchsten Gipfel und Grate ragten aus dem Eis heraus, das stellenweise bis zu 1600 Meter dick war. Ansonsten herrschte weiße Wüste – im Küstengebirge Alaskas kann man noch heute einen solchen Stand der Vergletscherung sehen.

Als es vor 16.000 Jahren wieder wärmer wurde, zerfiel das Eisstromnetz und gab Jahr für Jahr, Meter für Meter ein Gebirge mit völlig veränderter Topographie frei. Stückweise kam ans Licht, wie zwei Millionen Jahre mit immer wiederkehrenden Eiszeiten das Profil der Alpen geformt hatten. Gletscher waren über Bergschultern und Pässe geflossen und hatten neue Talverbindungen geschaffen. Wo Flüsse irgendwann vor oder zwischen den Eiszeiten begonnen hatten, schmale Schluchten und enge Täler zu fräsen, hatte sich ein Gletscher ausgebreitet und trogförmige Täler mit weiträumigem Boden ausgeschürft, was sich hinterher auch für die menschliche Besiedlung als sehr einladend erweisen sollte.

Dabei kann der glaziale Formenschatz durchaus einige Schroffheiten aufbieten. An vielen Stellen pflügten die Gletscher mit solcher Vehemenz durch die Täler, dass Abbrüche und Kanten entstanden. Über diese

Nicht nur die erhabenen Gipfel der Alpen können einem den Atem verschlagen. Auch die Schönheit der Tausenden Alpenseen ist bezwingend mit ihren immer neuen Farbschattierungen zwischen Grün und Blau.

Vorhergehende Doppelseite: Gipfel der Rieserferner-gruppe spiegeln sich im Eggsee, der auf 2570 Meter Höhe liegt.

Wo die Gletscher mit ihrer enormen Masse tiefe Kare in die Bergstöcke geschürft haben, zeugen noch heute zahlreiche Schmelzwasserseen von den tief greifenden Umwälzungen der Eiszeit wie z. B. im Klafferkessel in den Niederen Tauern.

Hangschultern stürzen zu Wasserfällen beschleunigte Bergbäche hinunter. In höheren Lagen hinterließen die riesigen Eisströme so genannte Kare, die Gipfel aussehen lassen, als wären sie mit dem Taschenmesser zugeschnitzt worden. Nach der Eiszeit wirkte mancher Berg, als hätte man ihm ein ordentliches Stück herausgemeißelt.

Egal ob riesiger Aletschgletscher, mit 1000 Meter Dicke der größte der Alpen, oder Kapruner Kaindlkees, das nur 50 Meter Eiskörper aufbieten kann – alle Gletscher verdanken ihre Existenz denselben physikalischen Vorgängen: Zuerst sammelt sich luftiger Schnee, der sich durch Druck und Wiedergefriervorgänge in porösen Firn verwandelt. Durch Druck wird

in der Folge nach und nach der letzte Rest Luft aus dem Material verdrängt, bis kompaktes, klares Gletschereis entsteht. Wasser ist aber auch im gefrorenen Zustand ausgesprochen anpassungsfähig und umschließt im Fluss jede Geländeform. Dadurch sind Gletscher praktisch überall im Gebirge anzutreffen, vorausgesetzt, es ist im Schnitt kalt genug und der Schneenachschub ist ausreichend – also muss mehr Schnee fallen als abschmelzen kann.

Als Talgletscher fließen sie die Abgründe entlang, als Kargletscher schmiegen sie sich in die Mulden der Bergstöcke, als Hängegletscher kleben sie über steilen Abgründen. Spröde reagieren die viskosen Eismassen nur auf Zugspannungen, dann bilden sich Spalten oder bizarre Bruchformationen. Zwar kann das Gletschereis auch am Untergrund festfrieren und beim Weitertransport Brocken aus dem Fels herausreißen. Aber den Hauptanteil der Gletschererosion bestreitet mitbewegtes Schürfmaterial. Von großen Steinblöcken bis zu kleinsten Sandkörnern – was der Eisstrom an festen Bestandteilen im Gletscherbett mitführt, schmirgelt den darunter liegenden Fels ab. Und das

Ein widerstandsfähiger Stein schützt die Erdschichten unter sich vor der Erosion durch Fließwasser. Ringsum wird alles ausgespült und zernagt, übrig bleibt die schlanke Erscheinung einer Erdpyramide.

nicht zu knapp, im Lauf von Zehntausenden Jahren entstehen so beträchtliche Abtragungen und tiefe Mulden. An vielen Stellen lassen parallele Schrammen in glatt poliertem Gletscherschliff erahnen, welch tief schürfende Kräfte dabei entwickelt werden.

Der Erosionseffekt verstärkt sich mit dem Gewicht der Eismasse. Besonders gut sichtbar wird das bei den Karen. Hier haben sich einst Eisströme an einer Vertiefung im Hang aufgestaut. Hatte ein solches Hindernis die Form eines Quelltrichters, sammelten sich Gletscher aus mehreren Richtungen wie im Halbrund eines Amphitheaters und schürften durch ihr enormes Gewicht eine wannenförmige Vertiefung in den Grund des Trichters. Wie die Woge eines Baches floss

Vorhergehende Doppelseite: Grandes Jorasses mit dem Montblanc im Hintergrund.

Auf seinem Weg durch die Täler macht sich der Gletscher breit und hinterlässt aufgeweitete Trogtäler. Aber er lässt auch scharfe Kanten an den Bergschultern zurück, über die Wasserfälle stürzen.

das Eis über die Karschwelle weiter talabwärts. Viele solcher Kare sind heute noch in den Alpen zu bestaunen, oft befindet sich hinter den Schwellen noch ein See aus Schmelzwasser.

Gletscher sind aber nicht einfach nur monolithische Schürfwalzen aus Eis und Stein. In ihrem Inneren befinden sich zahllose Kanäle, Sturzbäche und Rinnsale, die sich an der Unterseite des Gletschers zum Gletscherbach sammeln. Besonders im tiefer liegenden Nährgebiet wird während des Sommers eine Menge Wasser frei. Da die Flüssigkeit in den Sturzbächen unter dem Eis enormen Druck ausübt, kann sie nicht nur Sand, sondern auch größere Moränenblöcke mitbewegen. Wo Wirbel in der Fließbewegung entstehen, fräsen Wasser und Geröll Rinnen und runde Gletschertöpfe ins Felsbett.

Den letzten Schliff erhielt das Profil der Alpen aber erst nach dem Ende der Eiszeit. Das Eis zog sich aus den Tälern zurück, der Boden taute auf – und die Alpen gerieten abermals in Bewegung. Der Frost lockerte seinen Griff um riesige Mengen von Schuttmaterial, das von den Hängen geschwemmt wurde. Die mächtigen Moränendecken, die die Gletscher hinterlassen hatten, wurden von zahllosen, neu entstandenen Bächen und Flüssen weitertransportiert und zerkleinert. Flüsse aus Seitentälern schütteten Schwemmkegel auf, halbe Berghänge rutschten ab, als ihnen die Gletscher die Unterstützung entzogen. Ganze Täler wie das Untere Etschtal wurden so wieder aufgefüllt, nachdem sie die Eismassen zuvor ausgebaggert hatten. Erst als eine geschlossene Vegetationsdecke für neuen Halt an den Hängen sorgte, endeten diese Umschichtungen im gigantischen Maßstab.

Ihrer kolossalen Gestalt zum Trotz sind Gletscher fragile Gebilde, hoch empfindlich gegenüber kleinsten Temperaturschwankungen. Und jede Veränderung hat Langzeitwirkung: Eine Schneeflocke, die ins Nährgebiet eines Alpengletschers niedersinkt, braucht im Schnitt etwa 400 Jahre, bis sie an der Gletscherzunge schmilzt. Wie lange genau, bestimmt die Fließgeschwindigkeit des Gletschers – in den Alpen bewegen sich die Eisströme zwischen einigen wenigen und 200 Metern pro Jahr talwärts. Die Geschwindigkeit hängt davon ab, wie steil der Untergrund und die Eisoberfläche sind. Eine wichtige Rolle spielt auch der Querschnitt des Tales – je enger es ist, umso rascher wird der Gletscher vorwärts gedrückt.

Damit das überhaupt möglich wird, benötigt der Eisstrom ständig Nachschub an gefrorenem Material. Nur was im Nährgebiet oberhalb der Schneegrenze zu Gletschereis umgewandelt wird, kann im Zehrgebiet weiter unten wieder abschmelzen. Gerät der Massehaushalt aus dem Gleichgewicht, verliert der Gletscher an Volumen. Oder er wächst, aber das ist im Lauf des 20. Jahrhunderts eher selten geworden. Die Alpengletscher haben in aller Regel in den letzten Jahrzehnten deutlich an Substanz verloren. Die Hälfte der europäischen Eismassen fiel bereits dem Phänomen der globalen Erwärmung zum Opfer, wie Wissenschaftler der University of Colorado 1998 im Rahmen einer groß angelegten Studie über die Gletscher der Welt feststellen mussten. Ein solcher Rückgang ist während der letzten 600 Jahre ohne Beispiel und trägt im Moment sogar stärker zum Anstieg der Weltmeere bei als etwa das Abschmelzen der Polkappen.

Wenn das Eis weiter aus den Alpen verschwindet, könnte damit das gesamte Ökosystem des Hochgebirges aus der Balance geraten. Durch die Vergrößerung der Flächen mit Schutthalden und Moränen gerät zusätzliches Lockermaterial in Bewegung und verstärkt die Erosion. Wenn Hänge mit Dauerfrostboden auftauen, könnten katastrophale Gesteinsrutschungen und Murenabgänge folgen. Außerdem würden dann die Gletscher ihre wichtige Funktion als antizyklische Wasserspeicher verlieren: Sie geben in warmen und trockenen Jahren jenes Wasser in die Flüsse und Bäche der Alpen ab, das sie in kälteren, niederschlagsreicheren Zeiten auf Eis gelegt haben.

Durch ihre Herkunft vom Meeresgrund sind schichtweise Kalkablagerungen ein besonders nachgiebiger Werkstoff für die Erosionskräfte – in den Dolomiten eindrucksvoll zu beobachten.

Folgende Seite: Das Matterhorn ist der wahrscheinlich berühmteste Karling der Alpen. Seine Flanken sind von den Kräften der Gletschererosion zu einer steilen Pyramide umgearbeitet worden.

IV | GIPFELSTÜRMER

Gipfelstürmer

Wer in die Gipfelregionen der Alpen vordringen will, kann sich auf einiges gefasst machen: Je höher man kommt, umso mehr beißt die Kälte und sticht die Sonne, der unablässige Wind pfeift mit zunehmender Geschwindigkeit über Grate und Rippen, die UV-Strahlung der Sonne beträgt ein Vielfaches der Dosis im Tal; obendrein nimmt der Sauerstoffgehalt in der Luft fortwährend ab. Erstaunlicherweise haben diese unleugbaren Nachteile manche Spielformen des Lebens nicht davon abgehalten, bis in die äußersten Höhen zu streben. Doch um ein Überleben in den

Unter den erdverbundenen Alpenbewohnern besitzen die Schneemäuse herausragende Eigenschaften: Sie dringen bis auf die höchsten Alpengipfel vor. Man fand sie schon auf über 4000 Metern.

Vorhergehende Doppelseite: Er ist der ungekrönte Herrscher im Reich der Alpen – der Steinadler.

obersten Etagen der Alpen möglich zu machen, musste die Natur erst ein paar Tricks entwickeln. Gämsen etwa führen ihre Klettertouren bis in Höhen von mehr als 3000 Metern, wo Luftdruck und Sauerstoffdichte stark vermindert sind. Damit ihnen bei 30 Prozent weniger Sauerstoff nicht die Luft ausgeht, zirkulieren im Blut der Gämsen fast doppelt so viele rote Blutkörperchen wie im Organismus eines Hirsches zum Beispiel, der in einem tief liegenden Waldstück lebt. Zusätzlich sind die Blutkörperchen der Gämsen auch deutlich kleiner als jene von Tieflandbewohnern. Dadurch steht mehr Oberfläche für die Aufnahme des Sauerstoffs zur Verfügung.

Einer ganz ähnlichen Herausforderung – der Kohlendioxid-Versorgung – müssen sich Pflanzen stellen, die ihre Wurzeln ausgerechnet in den erhabensten Gipfelregionen schlagen. Sie „atmen" ja durch ihre Spaltöffnungen CO_2. In tieferen Lagen sind diese Spaltöffnungen in der Regel an der Unterseite der Blätter angebracht. Mit zunehmender Höhe allerdings sind die Pflanzen gezwungen, sich an weiteren Stellen zu öffnen – weil mit dem Luftdruck auch der Drang des Kohlendioxids nachlässt, sich ins Pflanzeninnere zu

begeben. Mehr Spaltöffnungen bedeuten zusätzliche Eintrittsmöglichkeiten, wodurch der CO_2-Haushalt wieder ausgeglichen bilanziert.

Temperatur, Feuchtigkeit, Sauerstoffgehalt, Luftdruck – fast alles verringert sich mit zunehmender Höhe, nur die Sonneneinstrahlung wird deutlich intensiver. Verantwortlich dafür sind die verringerte Luftdichte und der geringere Gehalt von Wasserdampf, der die Gipfel umgibt. Deshalb verfügen viele Bergbewohner über einen natürlichen Sonnenschutz. Und den brauchen sie, besonders wenn sie sich wie die Gletscherflöhe mit Vorliebe hoch oben inmitten gleißender Schneefelder aufhalten. Das kaum einen Millimeter lange Insekt der Gattung *Isotoma* hat reichlich schwarze Farbstoffteilchen in seine Außenhaut einge-

Zwischen Gesteinsschutt auf 3400 Meter Höhe am Großglockner blüht der Gletschermannsschild. Solche Pflanzenpolster können auch über 4200 Meter Höhe überleben – trotz Kälte und Wind.

lagert, die wie eine dunkle Sonnenbrille wirken. Solcher UV-Schutz ist besonders für Organismen wichtig, die noch in der Entwicklung stecken – schließlich zerstört die ultraviolette Strahlung nicht nur oberflächliche Zellen, sondern manipuliert auch das Erbgut. Die Raupen der Schmetterlingsart *Zygena exulans* sind aus diesem Grund ebenfalls mit Farbstoff geschützt – und deutlich dunkler als ihre Artgenossen in tieferen Lagen.

Hochgebirgsmelanismus nennen die Biologen dieses Anpassungsphänomen, das auch bei den Grasfröschen zu beobachten ist. Mit zunehmender Seehöhe werden die höchststeigenden Lurche der Alpen zusehends dunkler. Was als ergänzenden Nutzen mit sich bringt, dass gedämpfte Farbgebung auch verstärkt Wärmeenergie speichert – generell ein erwünschter Nebeneffekt des Hochgebirgsmelanismus. Im Einzelfall ist sogar schwer zu unterscheiden, wozu der dunkle Ton dient, als UV-Schild oder als Sonnen-Kollektor. Eingebaute Schattenspender müssen aber nicht immer finster anmuten. Die Gämsheide, mit Vorliebe an sonnigen Windkanten zu finden, verwendet einen

roten Farbstoff im Blattgewebe, um die UV-Strahlen unschädlich zu machen. Zusätzlich schützt sie sich mit einer dicken Blattoberhaut samt Wachsschicht. Dieselbe Funktion übernehmen bei anderen Bergbewohnern spezielle Behaarung, Hautverdickung, abschirmende Schuppen oder Federn.

Zumindest einen Vorteil könnte die starke Strahlung aber doch haben. Die Hochgebirgssiedler müssten dadurch eigentlich ihre durch Wind, Kälte und karges Nahrungsangebot angespannte Energiebilanz verbessern. Aber paradoxerweise müssen sie mit den Nach-

teilen einer starken Strahlenbelastung leben, ohne einen Vorteil davon zu haben. Denn in jenen Spektralbereichen, die für die Photosynthese genutzt werden können, steht einer Landkartenflechte am Sonnblick in der Jahressumme nur unwesentlich mehr Energie zur Verfügung als jedem beliebigen Gänseblümchen im Wiener Stadtpark. Der Grund: Im Gebirge bilden sich häufiger Wolkendecken, durch die relativ langwellige, photoaktive Strahlung schwerer dringen kann, wogegen Wolken für kurzwelliges UV-Licht kaum ein Hindernis darstellen.

Links: Der Aufenthalt auf solchen Kanten ist zwar zugig, hat aber einen Vorteil: Der ständige Wind legt für die hungrigen Gämsen die Grasnarben frei.

Unten: Freiwillig werden Wölfe selten zu Gipfelstürmern. Wenn aber weiter unten die Nahrung knapp wird, treibt sie der Hunger in größere Höhen.

Viel Energie, aber wenig Wärme – manchmal scheint die seltsam fremde Wildnis der Hochgebirge mit ihren eigenen Gesetzen hausgemachte Logik zu verhöhnen. Verglichen damit überrascht es kaum, dass trotz steigender Niederschlagsmengen die Gefahr der Austrocknung mit der Höhe zunimmt. Verantwortlich dafür ist eine weitere unausweichliche Begleiterscheinung des Aufstiegs Richtung Gipfel: der Wind. Die häufigen Stürme lassen Feuchtigkeit schneller verdunsten, wobei es an der Oberfläche – ob Steinbrechblatt oder Schifahrerbacke – empfindlich frostig wird. Die Verdunstungskälte macht sich aber nicht nur im Temperaturgefüge, sondern auch im Wasserhaushalt unangenehm bemerkbar. Sind Pflanzen ohne schützende Schneeschicht dem ständigen Gebläse ausgesetzt, trocknen sie nicht nur aus, sondern können aus dem gefrorenen Boden auch kein Wasser mit den Wurzeln aufnehmen.

Solchen Effekten der Frosttrockenheit zum Trotz siedeln sich manche Hochgebirgspflanzen just an jenen Stellen an, wo der Wind am schärfsten weht. Schwer zu glauben, aber das kann auch Vorteile haben, wenn man sie zu nützen weiß. An sturmumtosten Stellen

wird nämlich jede Schneeflocke sofort und zuverlässig entfernt. Man kommt so vermehrt in den Genuss von Sonnenlicht und nutzt eine deutlich längere Wachstumsperiode als die Nachbarn vom Lee-Hang, die mehr als ein halbes Jahr unter der Schneedecke schlummern. Nur, empfindlich gegen Trockenheit, Sand- und Schneegebläse darf man dabei nicht sein. Und man muss seine Gestalt den eiskalten und zugigen Bedingungen anpassen.

Das Problem: Der Wind entfernt nicht nur Schnee von exponierten Stellen, sondern auch alles andere, mit Ausnahme von schwereren Felsbrocken. Humus, Feinerde und Feuchtigkeit sammeln sich höchstens in tiefen Ritzen und Felsspalten. Genau dort schlagen die Pioniere der Blütenpflanzen ihre Wurzeln. Wenn sie wie der Bläuliche Steinbrech zur Gruppe der Polsterpflanzen gehören, setzen sie sich mit einer tief sitzenden und weit verzweigten Ankerwurzel fest und bilden raumgreifende Polsterstrukturen, die meisten flach oder halbkugelig, manche sogar überhaupt in Kugelform. Durch die dichte Anordnung der kleinen Blättchen verringert sich die Oberfläche und damit die Gefahr der Austrocknung. Außerdem kann sich die

Links: Durch ihre Wuchsform als Polster können die Pflanzen nicht nur die Sonnenstrahlen in allen Einfallswinkeln optimal ausnutzen. Auch die Austrocknung durch den Wind wird erheblich vermindert. Außerdem können diese Pflanzenpolster über sich selbst hinauswachsen: Sie gedeihen auf dem Humus, den sie durch ihre abgestorbenen Teile selbst erzeugen.

Rechts: Sogar auf den höchsten Gipfeln harren Land-kartenflechten aus. Diese Lebensgemeinschaft von Schlauchpilzen und Algen kann auch auf blankem Stein gedeihen. Die Blütenpflanzen von etwas tieferen Regionen wie der Alpenmannsschild oder die Soldanelle benötigen zumindest eine kleine Steinritze voll mit Humus.

Folgende Doppelseite: Wenn die Sonne schon ganz tief gesunken ist, steht man selbst am Scheitelpunkt Europas im Schatten. Der Steinbock ist den ganzen Nachmittag mit dem Lauf der Sonne gipfelwärts geklettert. Jetzt hat ihn die Kälte der Nacht eingeholt.

Pflanze unter ihrem eigenen Blätterdach besser warm halten. Und nachdem Erde in Felswänden auf 3000 Meter Höhe Mangelware ist, machen sie sich auch noch den Humus selbst. Was an Pflanzenmaterial abstirbt, wird unter dem dichten Polster zurückgehalten und kompostiert. Die Polsterpflanzen wachsen also buchstäblich über sich selbst hinaus.

Besondere Eile ist dabei nicht angebracht, zumindest nach den Naturgesetzen, die jenseits der Baumgrenze gelten. Und das, obwohl die Zeit knapp ist, im alpinen Lebensraum knapper als sonst wo. Denn alle 200 Höhenmeter sinkt die Lufttemperatur um ein Grad Celsius. Im Gegenzug nimmt die Niederschlagsmenge kontinuierlich zu, was das schneefreie Zeitfenster zusehends verkleinert. Durchschnittlich verkürzt sich die Wachstumsperiode für die Pflanzen alle 100 Meter um eine Woche. Zusätzlich verläuft das Leben bei geringerer Temperatur in Zeitlupe, weil die Prozesse des Stoffwechsels von der zugeführten Energie abhängig sind. Hochgebirgsbewohner befinden sich also in

einer ökologischen Zwickmühle: Sie müssen aus weniger mehr machen – und das in kürzerer Zeit. Aber wie soll das auf 3000 Meter Höhe funktionieren, wo im Juni der Schnee schmilzt und innerhalb von drei Monaten Frühling, Sommer und Herbst im Schnellgang durchlaufen werden? Es gibt nur eine Lösung für das Problem: Man muss länger leben. Genau das machen auch die meisten wechselwarmen Alpentiere, deren Körpertemperatur direkt von der Außentemperatur abhängig ist, wie der Alpensalamander. Im Vergleich mit seinem nahen Verwandten,

Sogar auf dem 4274 Meter hohen Finsteraarhorn lebt die höchststeigende Blütenpflanze der Alpen. Am Dach Europas geht alles langsamer: Eine Blüte des Gletscherhahnenfußes braucht zwei Jahre Entwicklungszeit.

dem Feuersalamander, zeigt sich, wie stark alpine Umwelteinflüsse die körperliche Ausstattung bestimmen. Feuersalamander wagen sich höchstens bis auf 1000 Meter hinauf und absolvieren in einem Jahr die komplette Phase vom Ei bis zum Jungtier. Ein Alpensalamander, der durchaus noch jenseits der Waldgrenze auf 2000 Meter Höhe vorkommt, benötigt für dieselbe Entwicklung ganze vier Jahre.

Dabei hat sich der hochgebirgstaugliche Salamander noch einen zusätzlichen Startvorteil verschafft. Die Eier entwickeln sich nämlich während der gesamten vier Jahre gut geschützt im Mutterleib – den ungeschlüpften Nachwuchs bei diesen alpinen Temperaturen jahrelang sich selbst zu überlassen wäre auch weder rücksichtsvoll noch besonders Erfolg versprechend. Damit die Ungeborenen nicht darben müssen, naschen sie aus den Dottern ihrer Nachbareier, wenn der eigene Nährstoffvorrat aufgebraucht ist. Die Salamander-Mutter hat diesbezüglich vorgesorgt und

gleich mehrere Dutzend Eier in ihrem Uterus deponiert. Zur Welt kommen aber immer nur höchstens zwei Junge.

Mit dieser Methode umschiffen die Alpensalamander auch ein weiteres Problem. Wie unter Schwanzlurchen üblich, entwickeln sich die Salamander-Larven normalerweise im freien Wasser. Wenn diese Zeit im Mutterleib überbrückt wird, ersparen sich die Hochgebirgsbewohner die mühsame Suche nach Wasserflächen, die ab einer gewissen Seehöhe entweder rar oder die meiste Zeit zugefroren sind.

Langsam leben, später sterben – dieses Prinzip perfektioniert hat die Gefleckte Schnirkelschnecke, die auch im Flachland als Urheberin unschöner Fraßspuren im Salatbeet wohl bekannt ist. Der einzige Unterschied zu den Artgenossen im Tal: Statt ein oder zwei Jahre bis zur Geschlechtsreife benötigen die Schnecken auf den Bergmatten in 2500 Meter Höhe ganze fünf Jahre, um die Adoleszenz hinter sich zu bringen. Dann haben sie aber wirklich schon einiges erlebt, die meisten haben sogar Erfahrungen mit Kannibalismus. Frisch geschlüpfte Schnirkelschnecken pflegen nämlich ihre Geschwister zu verspeisen, wenn diese es nicht schnell genug aus dem Ei schaffen. Aus diesem Grund sind auch immer bis zu 80 Eier auf einmal unter einem Grasbüschel oder einem Stein versteckt. Die Nachzügler können so als Wegzehrung dienen. Für den Rest ihres bis zu zehnjährigen Lebens stellen die Schnirkelschnecken dann auf vegetarische Kost um.

Dass sie dabei einen Gletscherhahnenfuß anknabbern, ist eher unwahrscheinlich. Dafür kreuzen sich die Wege der höchststeigenden Blütenpflanze der Alpen und jene der Schnirkelschnecke zu selten. Über 2500 Meter Seehöhe verliert sich deren Schleimspur, während sich der Gletscherhahnenfuß erst in diesen Höhenregionen richtig heimisch fühlt. Bis auf über 4000 Meter kann man die weißen oder rosa Blüten finden, der höchste bekannte Standort befindet sich auf dem Gipfel des Finsteraarhorns in den Berner Alpen auf 4274 Metern. Gemeinsam ist ihnen aber das Prinzip des verlangsamten Lebensrhythmus. Eine heranwachsende Blüte muss zweimal überwintern, ehe sie sich entfalten kann. Im ersten der kurzen Sommer beginnt sich die Knospe herauszubilden, dann

Alpendohlen können die Aufwinde zwischen den Gebirgsstöcken so gut nützen wie kaum ein anderer Vogel. Durch geschickte Segelflugtechnik gelangen sie mühelos in die allerhöchsten Gipfelregionen.

wird die Entwicklung für neun Monate unterbrochen. Dazu muss die Pflanze aber einen vergleichsweise niedrigen oder besonders sonnigen Standort gewählt haben, denn auf Großglockner-Niveau umfasst die Vegetationsperiode nur einen schwachen Monat. Der folgende Sommer bietet dann gerade noch Gelegenheit, die Knospe zu entwickeln, dann ist wieder Pause. Erst im dritten Jahr entfaltet sich die Blüte zur vollen Pracht.

Prinzipiell investieren Pflanzen mit zunehmender Höhe aber vermehrt in unterirdische Werte. Auffälliger Blütenschmuck oder hochtrabender Wuchs wären nicht nur extrem Energie raubend, sondern schlicht überflüssig. Sollte sich gelegentlich ein bestäubendes Fluginsekt hinauf verirren, wird es die locker verteilten Pflanzenkolonien inmitten der kargen Felsflächen und Bergrasen leicht finden. Viel wichtiger ist ein solides Wurzelwerk, wenn man sich am Dach Europas dauerhaft niederlassen will. Alpenblumen sehen zwar aus wie Miniaturausgaben ihrer Verwandten von weiter unten, dafür bilden sie ein bedeutend größeres

Feinwurzelgeflecht. Dieses unterirdische Versorgungssystem kann bei den Hochgebirgspflanzen bis zu fünfmal dichter und länger werden.

Auch über der Erde prägen zähe Nachhaltigkeit und ökologische Vorteilslogik die Erscheinungsformen der Pflanzen. Das ist der Grund, weshalb sich Blattrosetten neben dem Modell Polsterpflanze in der alpinen Stufe besonders bewährt haben. Indem der Haupttrieb nur langsam wächst, bleiben die Abstände zwischen den Blättern sehr klein und sie bilden so eine kompakte Rosette. Die schraubenförmige Anordnung hat den enormen Vorteil, dass sich die Blätter nicht gegenseitig in der Sonne stehen. Und indem sie eng zusammenrücken, schützen sie sich besser vor Frostschäden und Austrocknung durch den Wind.

Die stark verlangsamten Wachstumsprozesse können kuriose Blüten treiben. Viele Alpenblumen sind mehrere Jahrzehnte alt, größere Pflanzenpolster wie die des Stengellosen Leimkrauts stammen mitunter noch aus dem vorvorigen Jahrhundert. Nicht nur in dieser

Rechts: Der ständige Sturm hat diesen Eisformationen ihre stromlinienförmige Gestalt verliehen. Sogar hier überlebt das Stengellose Leimkraut.

Unten: Die Cadinispitzen in den Dolomiten – in der eisigen Steinwüste der Gipfel herrschen unerbittliche Naturgesetze. Dennoch blüht das Leben.

Hinsicht absolut konkurrenzlos sind allerdings die Flechtenarten der Hochalpen. Sie benötigen weder Humus noch Stickstoffversorgung von außen, blanker Fels genügt als Untergrund. Als Nahrung brauchen sie nur ein bisschen Kohlendioxid und gelegentlich eine Dosis Mineralstoffe, die der Niederschlag vorbeibringt. Dann muss man nur noch etwas Sonnenenergie hinzufügen und die perfekte Gemeinschaft von Schlauchpilzen und Algen funktioniert bestens, auch auf Alpengipfeln, die absolut lebensfeindlich wirken.

Manche Arten wie die Schmallappige Gelbflechte − die allerdings auffallend orangerot gefärbt ist − sind aber dennoch auf etwas Unterstützung angewiesen. Sie siedeln sich bevorzugt unterhalb von Vogelsitzplätzen an, wo die Alpendohlen und ihre gefiederten Kollegen nicht nur einen guten Eindruck hinterlassen. Der Vogelkot enthält wertvolle Stickstoffverbindungen, die der dekorativen Flechte als Dünger dienen. Besonders raumgreifend wuchern die Flechten freilich nicht. Die Landkartenflechten mit ihren 0,01 bis

Der Hunger treibt auch Füchse in die höheren Etagen der Alpen. Wenn sie Glück haben, erwischen sie dort einen Schneehasen – oder sie stoßen zufällig auf eine Gämse, die von einer Lawine getötet wurde.

höchstens 0,6 Millimetern Wachstum im Jahr sind besonders langsam unterwegs. Sie nehmen sich Zeit fürs Leben – oft mehr als 1000 Jahre!

In einem solchen Zeitraum haben sich bereits Hunderte Generationen von Felsenspringern über die Flechten hergemacht. Diese kaum mehr als einen Zentimeter großen Urinsekten folgen den Pionierpflanzen in extreme Höhen, um Flechten und Algen von der Felswand zu fressen. An günstigen Stellen und in manchen Jahren tun sie das in ausgesprochen hoher Siedlungsdichte. Biologe Heinz Janetschek von der Universität Innsbruck berichtet von einer Tour durch die Ötztaler Alpen, bei der „die Luft bei jedem Schritt durch die silbergrauen, emporschnellenden Tiere flimmerte".

Mit ihrer Sprunggabel und ihren extrem langen Unterkiefertastern sind die Felsenspringer für den Einsatz in hochalpinen Felsspalten und Schutthalden bestens gerüstet – und ein Erfolgsmodell der Evolution. Ihr Körperbauplan ist seit Hunderten Millionen von Jahren unverändert, ebenso wie ihre etwas eigenwillige Methode, für Nachkommen zu sorgen. Nach einem ebenso komplexen wie langwierigen Vorspiel kommen sich die Geschlechter nicht etwa näher. Stattdessen beginnt das Männchen ein zartes Band zu knüpfen in Gestalt eines klebrigen Fadens, auf dem kleine Spermatröpfchen aufgereiht werden. Dann erst wagt sich das Felsenspringer-Weibchen heran, um die Tröpfchen mit seinem Legeapparat abzustreifen.

Wie distanziert sie auch erfolgt, geschlechtliche Fortpflanzung hat sich unter den verschärften Bedingungen des Hochgebirges überhaupt als eher unpraktisch erwiesen. Deshalb haben viele Pflanzen diese Art der Reproduktion weitgehend aufgegeben und vermehren sich mit Ablegern oder Brutknospen; sie überwinden damit gewohnte Vorstellungen von Leben und Tod, von Zeit und Raum.

Solches Grenzgängertum verbirgt sich hinter den äußerlich eher unscheinbaren alpinen Rasenflächen, an deren Aufbau häufig die Krummsegge beteiligt ist. Wie viele andere Seggen auch, bildet diese Art so genannte Horste – sie entwickelt dicht aneinander stehende Triebe und wächst dadurch büschelförmig.

In der Nachbarschaft von solchen Grenzbereichen des Lebens würde man anspruchsvolle Organismen kaum vermuten, Säugetiere mit ihren komplexen biologischen Bedürfnissen zum Beispiel. Aber ein Hochgebirgsbewohner setzt sich über alle Regeln hinweg. Die Schneemaus kann man auch noch auf mehr als 4000 Metern rund um die höchsten Gipfel der Alpen antreffen – unter Bedingungen, mit denen sich kein anderer Berg bewohnender Säugerkollege zu arrangieren vermag. Zugegeben, manchmal kommen auch Steinböcke und Gämsen in solche Höhenregionen oder alle heiligen Zeiten Bären oder Wölfe auf Wanderschaft. Aber alle sind nur auf der Durchreise ins nächste Tal oder auf den gegenüberliegenden Hang.

Es ist eben einsam an der Spitze. Eine gewisse Exklusivität kann allerdings auch ein Vorteil sein, zumal Fressfeinde wie Füchse, Schlangen oder Mauswiesel sich leicht von solchen Seehöhen und den damit verbundenen Schneemengen und tiefen Temperaturen abschrecken lassen. Aus der Luft haben Alpendohlen oder Kolkraben erhebliche Schwierigkeiten, die Maus in den zerklüfteten Felslandschaften zu erspähen.

Damit sich die kleinen Felsspaltenbewohner selbst in ihrem Lebensraum zurechtfinden, ziert sie ein imposanter Schnurrbart. Das haarige Tastorgan ist zur Orientierung in einem steinernen Labyrinth aus Klüften, Spalten und Zwischenräumen unverzichtbar.

Dafür betreiben die Schneemäuse nur eingeschränkt, was der Rest der Mäuseverwandtschaft zu seltener Perfektion bringt: die Kunst des Wühlens. Schneemäuse können sich keine Behausungen graben, sie richten sich in dem ein, was der nischenreiche Wohnungsmarkt der Hochalpen anbietet. Was die Kost zum Logis betrifft, zeigen sich Schneemäuse ebenfalls dem lokalen Angebot aufgeschlossen, das heißt wenig wählerisch: Mindestens 42 verschiedene Pflanzenarten stehen auf ihrem Speiseplan, stellten Biologen fest, als sie eine Gruppe von Schneemäusen in den Bayerischen Alpen untersuchten.

Wenn die vorherrschende Entwicklung weitergeht, könnte sich der Speisezettel der Schneemäuse bald weiter bereichern. Denn das Phänomen der globalen Erwärmung heizt auch der Alpenflora ein. Durch den Vergleich historischer Daten über die Verbreitungsgrenzen alpiner Pflanzenarten mit aktuellen Befunden kann man bereits eine deutliche Aufwärtsbewegung feststellen. Die pflanzlichen Gipfelstürmer haben im 20. Jahrhundert ihre Verbreitungsgrenze bis zu vier Meter pro Dekade himmelwärts verschoben. Eine minimale Temperaturerhöhung von weniger als einem Grad Celsius hat auf den höchsten Gipfeln der Alpen für ungekannte Artenvielfalt gesorgt.

Ein extremes Beispiel ist der Piz dals Lejs im Oberengadin: Wo zu Anfang des Jahrhunderts ganze elf Pflanzenarten den harschen Bedingungen trotzten, haben sich mittlerweile 34 verschiedene Arten angesiedelt. Was auf den ersten Blick wie eine Bereicherung von Lebensräumen aussieht, droht sich zu einer ökologischen Katastrophe auszuwachsen. Selbst winzige Veränderungen können die fragile Balance in der letzten hochalpinen Wildnis dauerhaft zerstören und rare Arten zum völligen Verschwinden bringen. Denn was lebt, wo der Himmel Europa berührt, hat nach oben keine Ausweichmöglichkeit.

Ab Juli wird es für die angestammten Bewohner des Gletschers sehr ungemütlich. Die Gletscherflöhe müssen vor den einbrechenden Schmelzwasserfluten flüchten, außerdem schwimmt ihnen ihre Nahrung davon: Das Wasser reißt Pollen und andere organische Partikel aus den letzten Jahren mit, die im Firn gespeichert worden sind. Wenn die große Sommerflut kommt, werden viele Gletscherflöhe von herabstürzenden Eiskristallen zerquetscht oder sie ertrinken. Nur ein Teil von ihnen schafft es, sich an die Gletscheroberfläche zu retten. Wenn sie Pech haben, lauert dort der klassische Gegenspieler der kleinen Urinsekten − der Gletscher-weberknecht. Leichte Beute sind die Gletscherflöhe allerdings keine, als Angehörige der Springschwanz-Verwandtschaft haben sie nämlich eine trickreiche Vorrichtung eingebaut: Wie ein Taschenmesser eingeklappt, befindet sich an der Körperunterseite eine lange Sprunggabel. Wenn schnelle Flucht gefragt ist, katapultieren sich die Tiere damit aus der Gefahren-zone. Doch dieser Schleudersitz ist nur für wirkliche Notfälle gedacht. Was spätestens dann sichtbar wird, wenn ein Gletscherfloh − wie so oft − bei der Landung kopfüber in einer Schneepore stecken bleibt.

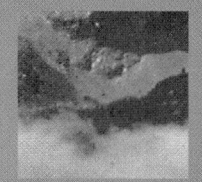

V | Die Welt der Vertikalen

Die Welt der Vertikalen

Felsüberhänge, Schluchten und Spalten – was die Launen des Wassers und der Geologie in jahrmillionenlanger Kleinarbeit hinterlassen haben, scheint der Schwerkraft zu spotten. Und als Lebensraum kaum geeignet, selbst für ausgesprochen anspruchslose Wesen. Doch die Welt der fliehenden Perspektiven hat nicht alles Leben in die Flucht geschlagen. Auf nadelspitzen Zinnen, unter wackeligen Felsblöcken, zwischen atemverschlagenden Brüchen blüht das Leben. Aber es sind nicht die Bedürfnislosen, die sich ausgerechnet hier angesiedelt haben. Es sind biologische Nonkonformisten, Spezialisten für Extreme.

In der Disziplin Freeclimbing etwa hat es ausgerechnet einer zu meisterhafter Perfektion gebracht, der durch seine bemerkenswerten Flugfähigkeiten ohnehin schon über wesentliche Vorteile im steilen Terrain verfügt. Wenn ein Mauerläufer mit vollem Schnabel ein paar Hundert Höhenmeter tiefer seine hungrigen Jungen versorgen will, legt er die Flügel an und lässt sich in die Schlucht fallen. Erst haarscharf vor dem Ziel entfaltet er kurz einmal die Flügel, um einen scharfen Einkehrschwung zu zirkeln. Indiskrete Beobachter haben ziemliche Schwierigkeiten, den Sturzflug zu verfolgen – offenbar ein willkommener Nebeneffekt, um Nesträubern weder Einladung noch Lageplan zukommen zu lassen. Um ganz sicher zu gehen, fliegen die Mauerläufer ihr Nest nie direkt an, sondern landen immer in einiger Entfernung.

Für das Leben in extremen Steilwänden hat der Mauerläufer aber nicht nur präzise Landemanöver und ansatzlose Senkrechtstarts (in seinem Fall oft eher Waagrechtstarts) perfektioniert. Seine erstaunlichsten Fähigkeiten zeigt er beim Besteigen der Felsvertikalen. Besonders schätzt er dort offenbar den Aufenthalt auf ausgesprochen Schwindel erregenden Aussichtspunkten: auf Überhängen und unter Felsvorsprüngen. Mit seinen langen Krallen verankert er sich in den kleinsten Unebenheiten im Gestein. Nur von der Kraft ihrer Füße getragen, klettern die Mauerläufer die Wand hinauf. Und das, ohne sich hinten mit den Schwanzfedern abzustützen, wie das etwas weniger waghalsige Kletterer wie der Specht zu tun pflegen. Um der Physik dennoch Genüge zu tun, muss der Mauerläufer seinen Körperschwerpunkt möglichst nahe zur erklommenen Wand bringen. Was mitunter den drolligen Eindruck erweckt, der hübsche rotgraue Vogel würde die Bergflanke ruckweise am Bauch hinaufrutschen.

Bäuchlings bewegen sich auch andere hochalpine Kletterspezialisten fort – nur in die andere Richtung. Gämsen werden gelegentlich dabei beobachtet, wie sie ihre Vorderläufe von sich strecken und auf dem Bauch schneebedeckte Hänge hinunterrodeln. Diese Art des Wintersports beschränkt sich aber nicht auf die kalten Monate, sondern kann auch durchaus im Sommer betrieben werden. In der hochalpinen Lebenswelt der Gämsen liegen immer irgendwo Schneeflecken vom letzten Winter. Welcher tiefere biologische Sinn hinter diesen skurrilen Rutschpartien verborgen sein mag, gelang der Wissenschaft bisher nicht zu klären. Vielleicht macht das Rodeln einfach nur Spaß.

Die übrigen Fortbewegungsformen der Gämsen sind etwas besser erforscht. Wohl bekannt dürfte ihre legendäre Geschicklichkeit sein, in extrem steilem und felsigem Gelände den sicheren Tritt nicht zu verlieren. Wodurch sie auch vor meterweiten Sprüngen über Spalten und Schluchten nicht das geringste Zögern zeigen. Ebenso wenig Furcht kommt auf, wenn sich die Gamsböcke zur Paarungszeit Hetzjagden auf wahnwitzig steilen Hängen liefern. Dass sie nicht nur hintereinander herjagen, sondern auch den Gegner im direkten Zweikampf stellen, versteht sich von selbst. Dabei wird ausgiebig geblädert und gepfiffen, um dem Kontrahenten neben gezielten Kopfstößen auch ein paar Schmähungen zu verpassen. Nach einer solchen Turnierrunde rennen die Böcke dann wieder im Höllentempo einander hinterher. Jeder versucht, am Hang über dem Gegner zu stehen zu kommen, um mit Hilfe der Schwerkraft noch an Kraft und Nachdruck zuzulegen.

Vorhergehende Doppelseite: Die Cadinispitzen mit zwei besonders markanten Gipfeln: dem Sorapis mit 3205 Meter und dem Monte Antelao mit 3263 Meter Höhe.

Wahrscheinlich das eindrucksvollste Bauwerk der Natur in den Alpen – die Dolomiten sind ein Schaustück der Erosionskräfte, durchzackt von unzähligen Türmen, Treppen und Terrassen.

Was die Gämsen dabei am steilen Stein regelrecht kleben lässt, ist eine spezielle Konstruktion der Klauen, maßgeschneidert für den Hochgebirgseinsatz. Die Außenkanten der Gamshufe sind nämlich ungewöhnlich scharf, ihre Absätze beinhart – damit können sie sich in kleinste Unebenheiten einhaken. Perfektioniert wird der Hochgebirgshuf aber erst durch die Kombination mit den weichen Zehenballen, die zwischen den harten Klauen liegen und wie Gummisohlen für optimale Rutschfestigkeit sorgen. Als Zusatzfunktion können die Gämsen mittels eines komplizierten Systems von Sehnen exakt variieren, wie viel Kontakt zum Boden sie gerade brauchen. Manchmal ist ein schmaler Fuß gefragt, zum Beispiel zwischen engen Felskanten – ein anderes Mal eine möglichst breite Auflagefläche, wenn man samt Winterspeck nicht allzu tief im frischen Schnee einsinken will. Diese anpassungsfähigen Hufe sind beides zugleich: Steigeisen und Schneeschuh.

In felsigen Höhenlagen scheint sich diese Konstruktion generell bewährt zu haben. Auch die Steinböcke, im Vergleich zu den Gämsen noch extremere Kletterer, steigen mit dem gleichen Hufmodell durch die schroffsten Felswände und rutschigsten Lawinenhänge. Gegen eine sanfter gewölbte Topographie hingegen zeigen Steinböcke eine offenkundige Abneigung. Zwar wandern sie im Frühling mit der Schneegrenze talwärts, um das erste Grün an den aperen

Flecken zu fressen. Aber meist bleibt es bei einem kurzen Ausflug in tiefere Lagen, die aber immerhin noch in fast 2000 Meter Höhe liegen. Für den Sommer und Herbst verfügen sich die Steinböcke dann schnell wieder hinauf in die steilen Felsgesimse, meist in sicherem Abstand zur Baumgrenze.

Mit saftigem Grün, wie es in tieferen Lagen naturgemäß üppiger gedeiht, kann man die Steinböcke jedenfalls nicht talwärts locken. Sie sind unempfänglich für die Verheißungen zarter Süßgräser von weiter unten – sie fressen auch Grünfutter, das diesen Namen eigentlich gar nicht verdient: braune, holzige Zellstoffreste ohne nennenswerten Energiegehalt, dafür extrem schwer verdaulich. Damit sie bei kargem

Die Cinque Torri unweit von Cortina d'Ampezzo. Eine vertikale Welt aus Schutt und Stein – wer in solch extremen Landschaften überleben will, braucht biologische Spezialausstattung.

Folgende Doppelseite: Gämsen sind hervorragende Kletterer. Nur manchmal wird selbst ihnen das Gebirge zum Verhängnis.

Angebot trotzdem auf ihre Kosten kommen, haben die Steinböcke eines der effizientesten Verdauungssysteme in der Welt der Wiederkäuer entwickelt.

Obendrein halten sich Steinböcke genau an den Stellen auf, die allen anderen ausgesprochen ungemütlich erscheinen müssen. Sie verharren stoisch in exponierten Hängen und auf sturmumtosten Kanten, wo der ständige Zug die schneidende Kälte nur noch verschärft. Den Steinböcken scheint das ziemlich egal zu sein, solange der Wind ihnen eine Kraft raubende Arbeit abnimmt: nämlich die kargen Reste der Vegetation fein säuberlich von Schnee zu befreien. Diesen Effekt nutzen in den Zentralalpen auch die Gämsen – je strenger der Winter, umso höher steigen sie. Denn in tieferen Lagen sind erreichbare Gräser, Sträucher und Bäume, die aus der Schneedecke ragen, unter Pflanzenfressern ziemlich begehrt. Solche Probleme haben die Gämsen und Steinböcke in ihren frostigen Hochgebirgsrefugien natürlich nicht – dort will ohnehin sonst keiner hin. Zu fressen gibt es zwar wenig, dafür stört sie kein Nahrungskonkurrent. In den Genuss eines weiteren Vorteils kommen die Gipfelstürmer: Für Gämsen und Steinböcke ist der weiße Tod die häufigste Art des Ablebens. Aber auf den blanken Felsen sinkt die Lawinengefahr deutlich.

Solche Dienstleistungen durch die Windgewalten sind selten der Hauptgrund, den Lebensmittelpunkt in kahle Kare und zugige Hänge zu verlegen. Das Wohlergehen der Nachkommen ist da schon eher ausschlaggebend. Man kann nämlich über die Welt der engen Spalten, jähen Abgründe und Schwindel erregenden Überhänge sagen, was man will – aber allzu viele lästige Nesträuber verirren sich hierher nicht.

Mauerläufer sind die Meister des Freeclimbings. Dabei hätten sie es gar nicht unbedingt nötig, so geschickt zu klettern – ihre Flugkünste sind ebenfalls beachtlich.

Links: Wer in überhängenden Steilwänden vorwärts kommen will, braucht Kraft und Mut – oder die passende biologische Ausrüstung.

Der Rote Steinbrech gedeiht selbst in schroffsten Schuttfeldern. Extreme Vorlieben zeigen auch die Schneefinken: Sie verbringen die Nacht in der Steilwand – in kleinen Spalten auf bis zu 4000 Meter Höhe.

Wo manche gefiederten Hochgebirgsspezialisten ihre Kleinen aufziehen, hat kein Marder, Fuchs oder Iltis je eine Pfote gesetzt.

Dafür haben Schneefinken andere Probleme. Wenig verwunderlich, wenn man sich vorzugsweise in jenen Gebieten der Alpen niederlässt, die nicht gerade für ihre anheimelnde Witterung bekannt sind. In der Eiger-Nordwand etwa konnte ein Schweizer Ornithologe drei Jahre hindurch beobachten, wie die zarten Singvögel mit extremsten Klimabedingungen fertig werden. In den Wintermonaten streifen die Schneefinken nämlich vorwiegend rund um Grate, Pässe und Bergrücken – in Höhen bis zu 4000 Metern. Von der Baumgrenze halten sich die robusten Finken möglichst fern, unter 1800 Meter Seehöhe sind sie praktisch nie anzutreffen.

Dabei zeigen sich zwei wesentliche Vorteile der hoch gelegenen Winterfrische: Zum einen entkommt man in den Gipfelregionen der feuchten Nebelzone, die in den Tälern schwappt und für die nasskalten Begleiterscheinungen der Inversionswetterlage sorgt. Zudem kann man durch geschickte Wahl des Schlafplatzes für vergleichsweise erträgliche Bedingungen sorgen. Und vor allem Energie sparen, spielt doch der sorgsame Umgang mit den körpereigenen Brennstoffreserven eine entscheidende Rolle. Wer sich hoch gelegene Schlafplätze aussucht, kann nach kalter Nacht frühmorgens, wenn der Energiebedarf am größten ist, im sparsamen Fallgleitflug zu den tiefer liegenden Futterplätzen hinabgleiten. Um dort an Pflanzensamen zu kommen, nehmen die Schneefinken denselben Service wie die Steinböcke in Anspruch: Sie steuern jene exponierten Flecken auf Hängen, Kanten und Rücken an, die der Wind schneefrei hält. Bis sich die weiße Decke völlig zurückgezogen hat, vergeht im Brutgebiet der Schneefinken noch eine ganze Weile; im Juni zeigen sich ausgeaperte Flecken, gleichzeitig kann innerhalb von 24 Stunden ein Meter Neuschnee fallen oder die Temperaturen auf minus zehn Grad sinken. Und in einer solchen Situation ziehen die Schneefinken ihre Jungen auf. Dazu mussten sie allerdings erst einige erstaunliche Anpassungsleistungen vollbringen.

Wobei sie sich in einem Punkt mit den äußeren Bedingungen absolut nicht koordinieren: Egal, ob vier

Meter Schnee oder schon ein Hauch von feuchtem Grün über der Landschaft liegen – das erste Ei wird spätestens in der letzten Maiwoche gelegt. Offenbar dient dabei die Länge der Tage als Taktgeber für die biologischen Rhythmen. Aber dann wird es erst richtig heikel. Mit dem Brutbeginn muss das Schneefink-Weibchen jeden Tag mehr als die Hälfte seiner Energie verwenden, um das Gelege entsprechend warm zu halten. Andere Singvögel aus dem Tal bringen dafür im Schnitt 20, vielleicht 25 Prozent auf. Trotzdem kommen ungeschlüpfte Schneefinken mit Temperaturen zurecht, die kein anderer Singvogel-Embryo überleben könnte. Im Schnitt kaum 31 Grad Celsius Bebrütungstemperatur reichen bei den Finken aus, während sonst Eitemperaturen von mehr als 35 Grad nötig sind.

Solcher Energieeinsatz wäre reiner Luxus angesichts der drei Grad Durchschnittstemperatur Ende Mai, die etwa rund um die Bruthöhlen im Schatten der Eiger-Nordwand herrschen. Um ihr Gelege auf 36 Grad zu erwärmen, müsste die Schneefinken-Mutter mehr als 100 Prozent ihrer insgesamt verfügbaren Energie einsetzen. Also blieb den Ungeborenen wenig übrig, als sich im Lauf der Evolution an eine klamme Kindheit zu gewöhnen. Als Resultat kommt der Schneefink mit der tiefsten Bebrütungstemperatur aller Singvögel aus.

Mag sein, dass daher auch der augenfällige Genuss herrührt, mit dem sich erwachsene Schneefinken später der Wärme aussetzen. Sie lassen sich nämlich gerne die Sonne auf den Bauch scheinen. Da aber Vögel prinzipiell – zumindest solange sie es sich selbst aussuchen können – nie am Rücken liegen, ist beim Sonnenbad einiges an Akrobatik nötig. Mit Hilfe eines günstigen Winkels und mit aufgeplustertem Gefieder und gespreizten Flügeln drehen sie sich so

Schwieriges Terrain erfordert gute Bodenhaftung. Die Hufe der Steinböcke sind beides zugleich: Steigeisen und Kletterschuh – damit manövrieren sie sicher durch Felsklippen und Geröllhalden.

zurecht, dass ihre gesamte Unterseite den warmen Strahlen direkt ausgesetzt ist.

Wenn die Schneefinken Glück haben, hat die Sonne bis Anfang Juni schon kräftig an den Schneefeldern rings um das Nest genagt. Aber wenn die Jungen schlüpfen, sind meistens noch 80 Prozent der Umgebung mit Schnee bedeckt. Um den Hunger der Nestlinge zu stillen, kommen selbstverständlich auch jene Insekten in Frage, die der Wind auf die Schneefelder verfrachtet hat. Die geflügelten Leckerbissen warten erstarrt und gut gekühlt darauf, aufgesammelt zu werden. Besonders üppige Mahlzeiten sind mit dieser Methode aber kaum zu erwarten. Deshalb sind die Schneefinken-Eltern vor allem am Rand der Schneefelder zu finden, wo im Schmelzwasser ein reiches Angebot von Schnakenlarven wartet.

Die Larven zeigen sich ähnlich unbeeindruckt von der Frosteinwirkung wie die Schneefinken. Wenn das Schmelzwasser stellenweise wieder gefriert, lassen sich die Larven in kleine wassergefüllte Hohlräume einschließen, bleiben aber aktiv. Wenn es untertags wärmer wird, werden die Larven wieder freigesetzt. Aber oft nur, um in einem Schneefinken-Schnabel zu landen.

Oder im Schlund einer Alpendohle. Die zierlichen Krähenverwandten sind nämlich ebenfalls im schmelzenden Schnee unterwegs, um nach Schnakenlarven zu stochern. Und auch sie haben für ihren Nachwuchs zu sorgen. Der feine Unterschied: Schneefinken verlassen ihre hochalpinen Winterquartiere und versuchen, Nistplätze in der Nähe viel versprechender Nahrungsgründe zu finden. Dagegen warten die jungen Dohlen in einer ganzjährig genutzten Höhle. Alpendohlen pendeln lieber, statt den Wohnsitz aus den unzugänglichen Felsen weiter talwärts zu verle-

Steinböcke halten sich bevorzugt in kahlen, heftig umwehten Steinwänden auf. Hier kann kein Schnee liegen bleiben, was die Lawinengefahr vermindert. Außerdem legt der Wind fressbare Pflanzenpolster frei.

gen. Sie haben die Strategie der sicheren hochalpinen Kinderstube zum Extrem perfektioniert – was aber mitunter auf Kosten des Komforts geht. Man hat schon Nistplätze im Inneren von Felsen gefunden, die nur von unten ansteuerbar waren und mehr als fünf Meter senkrechten Steigflug erforderten. Andere Dohlen brüten im Deckengewölbe einer Eishöhle, neben tropfenden Eissäulen oder viele Meter tief in nur wenige Zentimeter breiten Felsklüften: nass, kalt und unerreichbar – für kletternde Räuber sowieso, aber auch für Angriffe aus der Luft.

Weder als Bunker noch als Festung dient mancherorts die zerklüftete Felsfassade der oberen Alpenetagen, sondern als Blumengarten. Blanke Steinwände sind zwar eher nur für Flechten und Moose geeignet, aber in den zahllosen Zwischenräumen haben auch Blütenpflanzen ihre Wurzeln verankert. Ein klein wenig Humus reicht und diese Hochgebirgsspezialisten besiedeln Schutthalden, Felsspalten und Felder mit labilem Geröll. Pflanzen in extremen Lebensräumen haben zwar wenig Konkurrenz, dafür ist jede ihrer biologischen Strategien eine Gratwanderung. Wer sich zum Beispiel an exponierten Stellen der Sonne zuwendet, erhöht die Energiezufuhr und beschleunigt damit den Stoffwechsel, riskiert aber Austrocknung.

Um dennoch hoch hinaus zu kommen – bis auf mehr als 3000 Meter –, haben manche Blütenpflanzen eine spezielle Methode entwickelt. Der etwas rustikale Name Berg-Hauswurz lässt zwar eher an eine Brettljause denken, aber der lateinische Name *Sempervivum montanum* verrät schon mehr über die hervorragenden Qualitäten dieses Überlebenskünstlers. Diese „immer lebende" Hauswurz gedeiht auf sonnigen Felsstandorten prächtig, in ihren Blättern wurden schon Temperaturen von mehr als 50 Grad Celsius gemessen.

Die meisten anderen Pflanzen würden unter solchen Bedingungen elend verdorren, aber die Berg-Hauswurz hat ein physiologisches Modell aus der Wüste für die Hochalpen adaptiert. Wie ein Kaktus hat sie üblicherweise gleichzeitig ablaufende Stoffwechsel-Vorgänge getrennt und arbeitet in zwei Schichten. In der Nacht wird Kohlendioxid durch die Spaltöffnungen eingeatmet und in großen Zellsafträumen gespeichert. Dank dieses CO_2-Depots kann die Hauswurz ihre Spaltöffnungen tagsüber dann wieder schließen, weshalb auch kaum Wasser durch die Öffnungen verdunsten kann. Zusätzlich bildet die Berg-Hauswurz besonders fleischige Blätter, in denen sich größere Mengen Wasser aufbewahren lassen. Wenn auf die Pflanze untertags reichlich Sonnenenergie einstrahlt, beginnt der zweite Schritt des Stoffwechsels: Das CO_2 wird aus dem Zellsaft wieder entnommen und zusammen mit der Sonnenenergie für die Verarbeitung zu Zuckerverbindungen verwendet.

Der zusätzliche Kniff bei der Photosynthese wird bei der Berg-Hauswurz ergänzt durch eine reproduktionstechnische Finesse. Auf 3000 Meter Seehöhe verirrt sich nämlich kaum mehr ein bestäubendes Fluginsekt, wodurch geschlechtliche Fortpflanzung zu einer eher aussichtslosen Sache werden kann. Für diesen Fall beweist die *Sempervivum montanum,* dass sie tatsächlich das „ewige Leben" besitzt. Die Pflanze bildet nämlich nicht nur Blüten, sondern auch kleine kugelige Ableger, die meist vom Wind abgelöst werden und dann anderswo Wurzeln schlagen.

VI | Bergwelt im Fluss

Bergwelt im Fluss

Leitsystem und Lebensader, Transportmittel und Trink-
wasserspeicher – Wasserwege berühren alle Facetten
des Lebens im Gebirge. Mit durchschnittlich mehr als
zwei Metern pro Sekunde transportieren die Bäche
und Flüsse des Alpenraums Sauerstoff, Kleinlebe-
wesen und ungeheure Mengen an Gestein. Sie be-
atmen Wasserbewohner, ernähren die Anrainer der
breiten Uferzonen, schwemmen unablässig Neuland
auf und reißen es wieder mit sich fort.
Mancher Quell des Lebens hat allerdings seinen
Ursprung in einer lebensgefährlichen Gegend: im
Hochgebirge, wo die Gletscherzungen im kurzen
Sommer langsam vor sich hin schmelzen. Was sie an
Eismasse verlieren, tritt durch das Gletschertor als

*Wasserfälle überziehen die Landschaft rundum mit
einem feinen Sprühnebel, der feuchtigkeitsliebende
Lebewesen gut gedeihen lässt. Einzige Bedingung:
Besonders kälteempfindlich dürfen sie nicht sein.*

*Vorhergehende Doppelseite: Gletscherbäche sind eiskalt.
Hier halten es nur wenige, besonders spezialisierte
Lebewesen aus – wie die fünf Millimeter großen Larven
der Gletscherzuckmücke und ein paar unverwüstliche
Algen- und Moosarten.*

trüber, eiskalter Bach mit einer Temperatur von gerade einmal null Grad Celsius zutage. In seinem weiteren Verlauf kann das durch die vielen mitgeführten Feinsedimente milchige Gerinne vielleicht sechs oder acht Grad erreichen.

Etwas weiter talwärts zeigen sich die wilden Gebirgsbäche schon etwas einladender. Mit einigen Unbilden muss man allerdings auch hier zurecht kommen. Die Wassertemperatur erreicht im kurzen Sommer immer noch nicht mehr als höchstens zehn oder zwölf Grad Celsius. Obendrein durchfließen die meisten Bäche das starke Gefälle noch sehr schnell und führen stattliche Mengen von grobklotzigem Gestein mit sich. Dennoch haben viele Arten diesen enorm dynamischen Lebensraum zu schätzen gelernt. Vor allem des hohen Sauerstoffgehalts wegen, den Stromschnellen, Wirbel und Untiefen ins Wasser schäumen. Das klare, sauerstoffreiche Wasser geht den Bachforellen wie frische Bergluft durch die Kiemen.

Gemeinsam ist den allermeisten der aquatischen Lebewesen, dass sie nicht nur von hervorragender Wasserqualität abhängig sind, sondern auch von der Fließdynamik. Erst dadurch werden Kieselbänke aufgeschüttet, entstehen Zonen von schnellem Wasser gleich neben ruhigen Miniaturbuchten, erhält das Geröll am Bachgrund seinen Bewegungsdrang, der ein ständig wechselndes System von Hohlräumen entstehen lässt. Und damit unzählige Zufluchtsorte, Kinderstuben und Lauerplätze.

Plötzlich ist alles zu Ende. Der Bergbach stürzt ins Bodenlose, manchmal Hunderte Meter, ein infernalisches Tosen hallt von den steilen Wänden wider und alles, was Flossen hat, stürzt in die Tiefe. Naturgemäß auch alles, was Flügel hat, nur fliegt die Wasseramsel direkt in die Gischtgardine kleinerer Wasserfälle hinein. Sobald sie sie durchstoßen hat, zeigt sich warum: Eine kleine Mooskugel verbirgt sich unter der Sturzkante hinter dem Duschvorhang aus Abertausenden Kubikmetern Wasser pro Sekunde. Wasseramseln wählen den sichersten Nistplatz der Welt, dorthin kommt garantiert kein Eierdieb. Wasserscheu sind die Amseln also mit Sicherheit nicht, dank verschließbarer Öffnungen bei Nase und Ohren sind sie auch in horizontalen Wasserflächen geschickte Taucher und holen sich Insektenlarven vom Bachgrund. Eine stark

vergrößerte Bürzeldrüse versorgt sie mit ausreichend fettigem Sekret, um die Feuchtigkeit abzustoßen. Auch an die Kommunikation inmitten der dröhnenden Sturzbäche ist gedacht: Wasseramseln zwitschern in Tonlagen und Lautstärken, die das Wasserrauschen durchdringen.

Im Umfeld der Wasserfälle wähnt man sich in der Nähe des Ozeans oder zumindest in einem etwas unterkühlten Regenwald. Der ständige Sprühnebel überzieht die Landschaft ringsum mit einem klammen Schleier, was dicke Polster mit zahlreichen Moos- und Flechtenarten gedeihen lässt. Die üppige Vegetation hält allerdings Respektabstand zum Wasserfall. Offenbar hat auch die Feuchtigkeitsliebe der Pflanzen ihre Grenzen.

Es ist nicht nur Wasser, das unbeirrt über die Sturzkante talwärts tost. Oft wird es von erstaunlicher Fracht begleitet: Samen oder Keimlinge von Hochgebirgspflanzen. Vor allem wenn die Schneeschmelze für die unvermeidlichen Hochwasser sorgt, geraten viele dieser Schwemmlinge auf den Haupt- und

Quellbäche wie dieser im Tennengebirge bieten durch ihr Gewirr unzähliger Winkel, Buchten und Hohlräume einen ungewöhnlich vielfältigen Lebensraum.

Rechts: Ungebändigte Wildflüsse sind selten geworden im Alpenraum. Der wahrscheinlich schönste ist die smaragdfarbene Soča, die in den Julischen Alpen Sloweniens den Oberlauf des Isonzo bildet.

Unten: Wasseramseln sind geschickte Taucher. Müssen sie auch sein, denn mitunter legen sie ihre Nester sogar hinter Wasserfällen an, wo sie vor Räubern perfekt geschützt sind. Pfeilschnell stürzen sich die kleinen Vögel aus dem Sturzflug kopfüber ins Wasser. Dort suchen sie Insektenlarven und kleine Wassertiere – oder auch Baumaterial für ihre moosigen Kugelnester.

Nebenstraßen des Wassers vom Gipfel ins Tal. Und noch weit ins Alpenvorland hinaus: Kriechendes Gipskraut, das normalerweise durchaus noch auf steinigen Böden in 2500 Meter Höhe angetroffen werden kann, wandert regelmäßig mit der Isar bis Landshut. Oder mit dem Tessin bis Bellinzona und dem Isonzo nach Gorizia, also fast bis an die Adria. Dabei müssen die Alpenpflanzen allerdings einiges in Kauf nehmen, bis sie an einer passenden Uferstelle angeschwemmt werden. Die kleinen Samen des Bewimperten Steinbrechs etwa können sich 38 Tage im Wasser aufhalten, ohne Funktionseinbußer_ zu erleiden. In mehr als einem Monat kann man weit herumkommen, vor allem bei einer Fließgeschwindigkeit der Alpenflüsse von durchschnittlich zwei Metern pro Sekunde – theoretisch rund 200 Kilometer in 24 Stunden.

Die angestammten Terrains solcher Alpinpflanzen liegen bis auf Gipfelhöhe, meist in Schutthalden oder Steinspalten. Dass sie sich weit unterhalb ihrer gewohnten Höhenstufe ansiedeln, auch dafür sorgt die Dynamik der Fließgewässer. Denn die Bäche und Flüsse verschleppen nicht nur die Samen und Keimlinge, sie haben auch gleich das passende Substrat mit dabei. Praktischerweise schüttet der Fluss, zumal bei Hochwasser, Kiesinseln und Schotterbänke auf, die den hochalpinen Schutthalden zum Verwechseln ähnlich sind – wenn man die hohen Wälder ringsum und die noch höheren Gipfel in der Ferne ausblendet.

Ökologisch ist die Gemeinsamkeit der beiden Lebensräume noch stärker. Beide, ob Schotterbank am Talbo-

den oder Steinspalte im Schatten des Gipfelkreuzes, sind nicht sehr begehrt. Ein enormer Vorteil für Alpen-Gänsekresse oder Bläulichen Steinbrech, die keine Konkurrenz um einen Platz an der Sonne dulden. Dafür nehmen sie auch in Kauf, dass es unten herum etwas karg bestellt ist. Feinere Erdschichten fehlen auf dem Kies, folglich kann wenig Feuchtigkeit gespeichert werden. Auf den Schotterbänken wird es sehr schnell knochentrocken. Dafür flugs aber auch wieder ziemlich feucht.

Richtige Wildflüsse, wie der Tiroler Lech der Letzte seiner Art ist, werden immer aufs Neue in den Pionierzustand zurückversetzt, für jede überspülte Schotterbank, für jedes weggerissene Uferstück entsteht irgendwo anders Ersatz. Das komplizierte Netzwerk aus frischen Nebenströmen, alten Armen und dem ständig aus der Fassung geratenden Hauptstrom ist

dauernd in Bewegung. Man muss also sehr flexibel sein, will man sich die konkurrenzarme Situation auf den Schwemmflächen zunutze machen. Und auf alles vorbereitet sein wie der Ahlenläufer-Käfer, der bei plötzlichen Hochwasser-Einbrüchen Luftblasen unter die Flügel nimmt und sich so über Wasser hält. Bei höheren Außentemperaturen nutzt er allerdings die Oberflächenspannung des Wassers, um sich gegen die Wasseroberfläche zu stemmen und abzuheben.

Um auf offenen Schotterflächen zu überleben, müssen die Bewohner aber nicht nur mit Schwimmkünsten und Flugakrobatik ausgerüstet sein. Die meisten der Spinnen und Insekten haben betont unauffällige Tarnmuster angelegt. Nur kann diese Tarnung bei der Suche nach Geschlechtspartnern hinderlich sein, besonders wenn die geringe Siedlungsdichte wenig Auswahl ermöglicht. An den steinigen Gestaden des

Links: Starke Strömungen sorgen für eine gute Durchmischung der Bergflüsse mit Sauerstoff. Nur wenn zudem die Wasserqualität besonders gut ist, können die anspruchsvollsten Bachbewohner gedeihen.

Rechts: Wo die Soča-Forelle laicht, herrscht ideale Wasserqualität. Nicht zuletzt aus diesem Grund erreichen die raren Fische bis zu 120 Zentimeter Länge und mehr als 20 Kilogramm Gewicht.

Folgende Doppelseite: Mit unnachahmlicher Eleganz schwebt der Fischotter durch die reißenden Strömungen. Jeder Ausweichversuch der Beute wird gekonnt pariert. In verbauten Flüssen mit betoniertem Rand kann der exzellente Schwimmer wenig gegen die Fische ausrichten. Er muss sie nämlich in kleine Nischen und Unterstände treiben können, um sie zu erwischen.

Lech leben Heuschrecken, die dieses Problem hervorragend gelöst haben. Die Schnarrschrecken sind auf den Schotterbänken durch ihre Tarnung praktisch unsichtbar. Aber nur so lange, bis sie ihre leuchtend roten Unterflügel entblößen. Das hinterlässt einen bleibenden Eindruck, wenn schon nicht beim anderen Geschlecht, so zumindest bei schreckhaften Fressfeinden. Amouröse Absichten werden zusätzlich mit einem durchdringenden Schnarrlaut verfolgt, der wenig lieblich erscheint. Schnarrschrecken-Weibchen klingt er aber wie Musik in den Ohren.

Wenn Flussregenpfeifer Ähnliches im Schild führen, ist ebenfalls erhebliche Geräuschentwicklung zu verzeichnen. Ihre hellen, scharfen Rufe müssen eben auch durch die laut rauschende Kulisse des Wildflusses dringen. Bei der Nestgründung treiben sie weniger Aufwand. Irgendeine kleine Mulde auf kiesigen

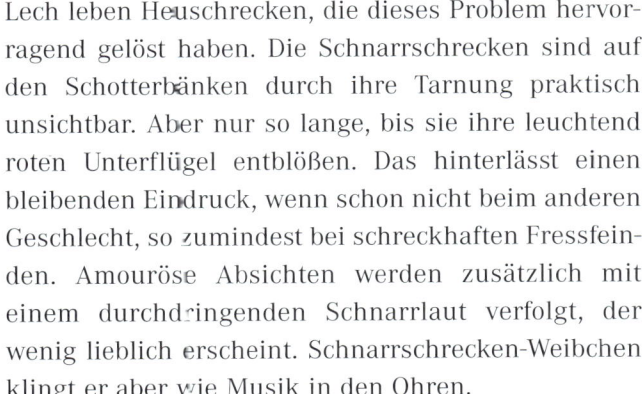

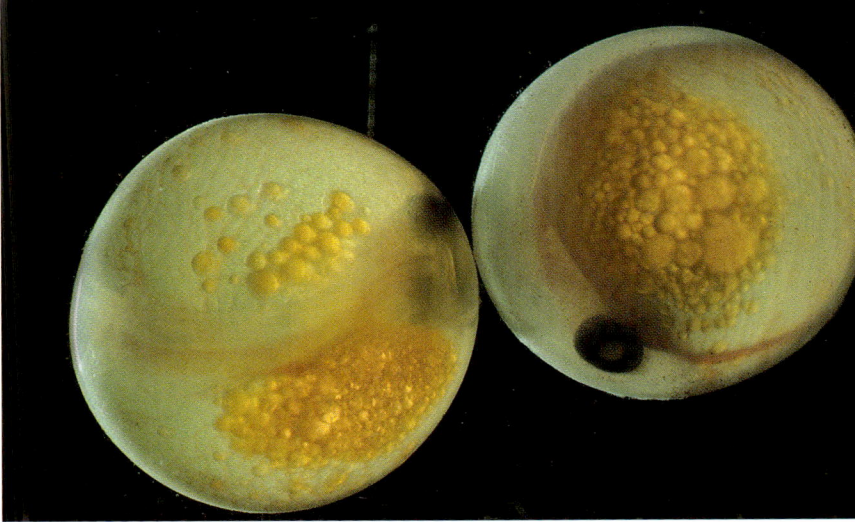

Schwemmflächen oder Schotterbänken reicht schon, um sie zum Schauplatz eines ausführlichen Balzrituals werden zu lassen. Ist die Balz erfolgreich, bleibt man beim mehr oder weniger zufällig gewählten Nistplatz. Entscheidend ist nur eines: Er muss völlig ungeschützt und von allen Seiten frei einsehbar sein, sonst lässt sich dort kein Flussregenpfeifer nieder. Was auf den ersten Blick hochgradig leichtsinnig erscheint, hat allerdings seine Öko-Logik. Auf freien Flächen sind heranschleichende Marder oder andere Eierdiebe weithin zu sehen – pirscht sich einer heran, hat der brütende Elternteil mehr Zeit, sich rechtzeitig klammheimlich davonzumachen. Außerdem ist das Gelege praktisch unsichtbar, so gut sind die zart gesprenkelten Schalen der Eier an die Umgebung angepasst. Nur die Flussregenpfeifer selbst schaffen es mühelos, ihre ungeschlüpften Nachkommen wieder zu finden.

Chancenlos sind sie allerdings gegen die allgegenwärtige Macht des Wassers, das unerbittlich und ohne Vorwarnung zurückholt, was es einmal geschaffen hat. Manchmal ist es ein Regenguss, manchmal eine frühe Wärmewelle mit Schmelzwasser – und der Wildfluss überflutet in kürzester Zeit sein Schwemmgebiet. Naturgemäß sind danach nicht nur die Eier der Flussregenpfeifer verloren. Auch dort, wo die Auflandung schon weiter fortgeschritten war, bleibt kein Kiesel, kein Sandkorn auf dem anderen – immerhin transportiert ein Wildfluss wie der Lech mehr als 100.000 Tonnen Geröll im Jahr.

Für andere Wasserbewohner wie den Flussuferläufer ist das insofern tragisch, als sie ihre Eier in jenen Uferregionen ablegen, die bereits zaghaft von Pionierweiden, Sanddorn und Tamariskenbüschen besiedelt sind. Wenn der wilde Fluss entfesselt wird, macht das aber keinen Unterschied. Sobald sich die Fluten zurückgezogen haben, machen sich die Flussuferläufer unverdrossen an die Produktion eines neuen Geleges. Irgendwann bis Ende Juni werden sie es geschafft haben, die entscheidenden drei Wochen bis zum Schlüpfen der Küken ohne lästige Wassereinbrüche zu übertauchen. Dafür sind die Kleinen, ebenso wie die Regenpfeifer-Jungen, enorm schnell in der Lage,

Oben: Glasklares Wasser, reich strukturierte Ufer und vielfältige Fischfauna – in solchen Gebirgsflüssen findet der Fischotter lebenswerte Bedingungen vor.

Links: Ein seltener Anblick – Uferverbauungen und die Konkurrenz zu den Fischern haben den Ottern an vielen Alpenflüssen das Leben schwer gemacht.

das Nest zu verlassen – ein weiterer Tribut an die unstete Lebenswelt am wilden Gebirgsfluss.

Es geht aber auch anders, wie die Zwergtaucher eindrucksvoll vorführen. Sie halten generell mehr Sicherheitsabstand zu den unsicheren Flussufern und leben bevorzugt an den Stillgewässern der Altarme, die – wie im Fall des Lech typisch – durch den Auwald aus Grauerlen und Kiefern vom Hauptstrom abgetrennt sind. Hier sorgt die Vielfalt der Kleinbiotope für einen strukturreichen Lebensraum und damit für eine Artenvielfalt, wie sie in Auwäldern fast sprichwörtlich ist. Auf den höheren Flussterrassen wachsen bunte Wiesen. Blütenpflanzen aus dem Gebirge wie den Stengellosen Enzian, die Mehlprimel oder den Zwergmannsschild hat das Wasser herbeigetragen, damit sie hier im Tal zwischen Orchideen blühen können. In den zahlreichen Tümpeln und Gießgängen finden Erd-

kröten und Bergmolche stille Laichgewässer. Doch die Zwergtaucher trauen dem Frieden nicht.

Sie nehmen allerlei Mühen beim Nestbau auf sich, um dem Nachwuchs ein garantiert überschwemmungssicheres Refugium bieten zu können. Ein Schwimmnest erfüllt diese Anforderung am besten, kompliziert aus mehreren Schichten aufgetürmt und meistens zwischen Wasserpflanzen verankert. Die faulenden Pflanzenteile in der Nestkonstruktion erzeugen Gasblasen, die für zusätzlichen Auftrieb sorgen. Und geht dennoch einmal ein Gelege in den Fluten unter, suchen die Zwergtaucher offenbar die Schuld bei sich: Die Zweitbrut schwimmt immer in einem neu gebauten Nest.

Von den Schmelzwasser-Katastrophen einmal abgesehen, erinnert viel in den Auen eines Wildflusses wie

Links: In den unsteten Wassern großer Wildflüsse haben Gänsesäger einen ebenso simplen wie entscheidenden Vorteil: Sie können schwimmen. Bei plötzlichen Über-flutungen bewährt sich das natürlich.

Unten: Flussregenpfeifer nisten auf großen Schotter-flächen mitten im Fluss. Das hat Standortvorteile, beinhaltet aber auch Risiken: etwa wenn der Fluss nach Regenfällen plötzlich anschwillt.

dem Lech an die enge Verbindung mit den höheren Regionen der Alpen. Wie die Schwemmlinge der Hochgebirgspflanzen breiten sich auch viele Tiere tal-wärts aus. So wie der Zitronengirlitz, die europäische Ausgabe des Kanarienvogels, der sonst eher höhere Bergwälder und Almen bevorzugt. Ihn hat der Lech auch ins Tal gelockt, wo der wilde Fluss eine einma-lige Aulandschaft mit Leben durchflutet.

VII | ... NICHT ALLES TOURISTEN

... nicht alles Touristen

Seit jeher gilt: Wer in die Alpen will, muss sich schweren Prüfungen unterziehen. Und hier ist nicht von wässriger Bohnensuppe auf Berghütten oder wochenlangen Sommerregen an Alpenseen die Rede. Das letzte Eiszeitalter hatte Schlimmeres auf Lager – einen soliden Gletscherpanzer zwischen München und Mailand, eisharten Dauerfrostboden bis weit ins Alpenvorland und ein völliges Verschwinden der Wälder aus ganz Europa nördlich der Alpen.

Zwischen den vier Eiszeiten brachten immer wieder Warmphasen die Hänge ins Rutschen, Überschwemmungen fluteten weite Teile des Kontinents und schließlich waren die Klimagürtel und Vegetationszonen samt Bewohnern wieder um Hunderte Kilometer oder Höhenmeter verschoben – zumindest bis zur nächsten Glazialzeit. Kurz: im Pleistozän ging es drunter und drüber, wenn auch in Superzeitlupe. Die Verschiebung der Lebensräume nahm jeweils Tausende Jahre in Anspruch. Dennoch blieben viele Tier- und Pflanzenarten auf der Strecke und verschwanden – für immer oder zumindest aus Europa. Dafür konnten sich neue Zuwanderer ansiedeln. Im Verlauf von etwa zwei Millionen Jahren wurden die Einwohner des Alpenraums mehrmals zu einem Großteil ausgetauscht. Die aktuelle Belegschaft der alpinen Lebensräume spiegelt die wechselvolle Naturgeschichte des Gebirgszugs wider. Wer heute im Alpenraum lebt, muss von irgendwo hergekommen sein.

Oder war immer schon hier und hat es durch Zufall oder Zähigkeit geschafft, dem weißen Leichentuch der Eiszeit zu entwischen. Zu dieser exklusiven Gruppe gehören zwei prominente Wirbeltierarten: die Alpen-

spitzmaus und der Alpensalamander. Ihre Vorfahren waren Überlebende aus Zeiten, als Europa noch nicht in regelmäßigen Abständen von Kälteperioden heimgesucht wurde. Wie sie geschafft haben zu überleben, ist nicht hinlänglich geklärt. Fest steht, dass diese Urälpler nur im Einzugsbereich des größten europäischen Gebirgszugs vorkommen, ohne nähere Verwandten über das Balkangebirge und die Karpaten hinaus. Wahrscheinlich flüchteten auch die Alpenspitzmaus und der Alpensalamander vor den Eispanzern in alpine Randgebiete, die auch am Höhepunkt der Glazialzeiten von der völligen Vergletscherung verschont geblieben waren.

Ein Unterschied von ein paar Grad Celsius in der Durchschnittstemperatur pro Jahr waren von entscheidender Bedeutung. Das begünstigte Klima an der

Die Steinböcke und der Großglockner: Was scheinbar seit Ewigkeiten zusammengehört, ist eine relativ neue Entwicklung. Die Steinböcke sind erst seit der Eiszeit hier – als Immigranten aus Asien.

Vorhergehende Doppelseite: Schneehasen kommen ursprünglich aus der Arktis. Als während der Eiszeit halb Europa aussah wie das Nordpolgebiet, erweiterten auch die Schneehasen ihren Lebensraum südwärts. Später zog sich das Eis zurück – und die Hasen waren gefangen: Es blieb ihnen nichts anderes übrig, als sich an ihr neues Zuhause in den Alpen anzupassen.

Alpensüdseite ermöglichte vielen Lebewesen zu überdauern, die anderswo vom Eis nachhaltig vertrieben
wurden. Deshalb konnten sich auf der sonnigen Seite
der Alpen viele Endemiten erhalten – Arten, die heute
ausschließlich in diesem Winkel der Welt vorkommen.
So blüht in der Gipfelregion des Monte Baldo, 2000
Meter über dem Gardasee, der Tombea-Steinbrech
genauso wie vor Hunderttausenden Jahren.

Bis heute wird in den Meeralpen oberhalb der Côte
d'Azur oder an den Südhängen des Tessin beim Lago
Maggiore mediterranes Flair spürbar. Am Fuß der
schneebedeckten Berge scheint die frostige Welt des
Hochgebirges unendlich weit entfernt. Hier gedeihen
Orangen und Zitronen, klingt der Gesang der Zikaden
durch die Olivenhaine, sonnen sich Wärme liebende
Kaltblüter wie die Smaragdeidechse. An den Felsen in
der Gegend des Gardasees zeigen sich auch gefiederte

*Rechts: Auch Pflanzen verschlug die Eiszeit in die
Alpen. Selbst klassische Alpenblumen wie Enzian und
Edelweiß stammen ursprünglich aus Zentralasien.*

*Unten: Der Alpensalamander gehört zu den wenigen
Tierarten, die schon vor den Eiszeiten in den Alpen
gelebt hatten.*

Zeitgenossen, die mit ihrer Vorliebe für laue Temperaturen in nördlicheren Alpenregionen wenig Heimat-
gefühl entwickeln könnten: Blaumerlen brüten sonst
in Gefilden wie Südspanien und Marokko, ein Schlan-
genadler hätte im Tirolerischen etwa bei der Suche
nach Hornottern oder Aspisvipern höchstens Rück-
schläge zu verdauen.

Aber nicht alle Überlebenden der Eiszeit hatten zum Mittel der Flucht in den Süden greifen können. Wer zu klein, zu wenig mobil oder nicht hinlänglich anpassungsfähig war, geriet unter die eisigen Walzen der Gletscher. Dem glazialen Kahlschlag konnte nur entgehen, wem der Zufall zu Hilfe kam. Etwa in der Gestalt einer natürlichen Arche Noah. An manchen Stellen zeigten sich nämlich die Umstände gnädig, der Wind hielt vereinzelt Gipfel schneefrei und die Gletscher waren mancherorts nicht mächtig genug, auch die letzten Höhenmeter unter sich zu begraben. So entstanden Inseln im Meer aus Eis, die einigen wenigen Arten Zuflucht boten. Neben isolierten Pflanzengesellschaften waren es etwa Spinnen, Weberknechte

Diese Weberknechte konnten die Eiszeit auf unvergletscherten Inseln überleben. Allerdings wurden mancherorts die Männchen knapp, weshalb die Spinnen auf Fortpflanzung durch Jungfernzeugung umstellten.

und Insekten, die auf diesen Nunatakern die Eiszeit überbrücken konnten. Wie am Schneibstein im Hagengebirge an der bayerisch-salzburgischen Grenze, wo der Laufkäfer *Trechus latibuli* auf diesem 2277 Meter hohen Gipfel von den Umwälzungen ringsum unberührt blieb. Bei den vielen Endemiten verteilten sich die Eiszeitüberlebenden auf mehrere Nunataker, meistens in der Nähe, manchmal aber auch Hunderte Kilometer voneinander entfernt. Im Fall dieses Käfers sollte der Schneibstein aber das einzige Refugium bleiben. Zumindest ist es bis heute nicht gelungen, an irgendeiner anderen Stelle der Alpen ein Exemplar von *Trechus latibuli* zu finden.

Es bedurfte nicht immer besonders exponierter Höhenlagen, um während der eisigen Epochen manchem kleinen Krabbler eine Freistätte zu bieten. Der Blindkäfer *Austriacotyphlus piffli* überdauerte die Eiszeiten dort, wo die Alpen nicht mehr ganz so himmelstürmerisch anmuten: am Südhang des Wiener Leopoldsbergs. Hier schoben sich zwar keine Gletscher in die Tiefebene, der Dauerfrostboden entzog den Bewohnern der oberen Erdschichten wie dem *Austriacotyphlus* aber genauso unerbittlich die Lebensgrundlage. Nur Glück, dass offenbar an besagtem Südhang der Boden über längere Perioden auftaute und mit Schmelzwasser geflutet wurde. Sonst wäre es nicht zu erklären, warum der Käfer nur am Leopoldsberg vorkommt und nirgendwo sonst im weiteren Umkreis.

Eine noch exklusivere Artgenossenschaft bildet die Weberknecht-Spezies *Megabunus lesserti,* die auf den Hängen des Wilden Kaisers in Tirol oder auf manchen Salzburger Kalkalpen-Gipfeln lebt. In diesem gletscherumflossenen Miniatur-Lebensraum dürften nämlich irgendwann die Männchen abhanden gekommen sein. Dadurch waren die Weberknechte gezwungen, sich auf Jungfernzeugung zu verlegen und sie vermehren sich bis heute mittels Parthenogenese. Was zur Folge hat, dass *Megabunus lesserti* seit Tausenden Generationen in bestimmten Gebieten nur mehr in weiblicher Ausgabe existiert.

Von solchen Einzelfällen abgesehen: Die meisten bis heute überlebenden Arten konnten während der Eiszeiten rechtzeitig in Randlagen und besonders bevorzugte lokale Wärmeinseln im Süden flüchten – oder sie kommen überhaupt ganz woanders her: meistens sogar fast vom anderen Ende der Welt. Viele Lebewesen, die untrennbar mit den Alpen verknüpft scheinen, sind Zuwanderer aus dem Osten.

Mitten in Asien hatte nämlich die Evolution ein riesiges Freiluftlabor zur Verfügung, in dem schon alle erdenklichen Möglichkeiten des Überlebens in Gebirgsregionen ausprobiert werden konnten. Infolge einer Kollision mit der Indischen Platte hatte der Himalaja vor etwa 70 Millionen Jahren langsam begonnen, zum Dach der Welt aufzusteigen. Die Grundzüge der Entstehung waren ähnlich wie jene der Alpen, nur in der Größenordnung nicht zu vergleichen. Dazu kam, dass der Himalaja auf einem südlicheren Breitengrad aufgeworfen wurde. Zwischen den tropischen Regenwäldern, knochentrockenen Steppen und den höchsten Erhebungen der Erde findet sich eine beispiellose Vielfalt von Umweltbedingungen – und damit unzählige Möglichkeiten, neue Strategien des Überlebens zu entwickeln. Den spezifischen Bedingungen der vertikalen Welt waren Zuwanderer im Himalaja schon im Vorhinein angepasst. Schließlich hatten sich viele Tierarten aus älteren Gebirgen aus der asiatischen Nachbarschaft in den neu entstehenden Hochländern angesiedelt.

Ein Erfolgsmodell der Evolution waren die Vorfahren der Gämsen, die sich im Himalajagebiet entwickelt hatten. Bald fanden sie auch in anderen Gebirgen quer über die Kontinente vortreffliche Lebensbedingungen vor. Mit kleinen Modifikationen der Gestalt und Verhaltensweisen passten sie sich perfekt in die neuen biologischen Nischen ein: als Schneeziege in den Rocky Mountains, als Goral im heimatlichen Himalaja und als Gämse in den Alpen, Abruzzen und Pyrenäen.

Diese Wanderungsbewegungen dauerten natürlich Zehntausende von Jahren. Nach und nach wurden angrenzende Lebensräume im Westen besiedelt, bis die Vorfahren der Gämsen schließlich vor 150.000 Jahren während der Riss-Eiszeit in Europas Gebirgen ankamen. Die folgende Wärmeperiode ließ ausgedehnte Wälder nachwachsen, wodurch die Gämsen in den Pyrenäen und Abruzzen isoliert wurden. Bis heute ist dieser Umstand daran ablesbar, dass sich die Alpen-Gämsen äußerlich ein wenig von den Verwandten weiter südlich und westlich unterscheiden. Sie haben kürzere Hörner und wirken etwas stämmiger.

Vom Himalaja in die Alpen waren die Gämsen durch einen interkontinentalen Korridor ähnlicher ökologischer Bedingungen gekommen: über die nordiranischen Randgebirge, den Kaukasus, das türkische Taurus-Gebirge und den Balkan bis in die Dinarischen Alpen. Diesen Weg nahmen die meisten Gebirgsbewohner, die aus Asiens Hochländern in die höheren Etagen Europas kamen. Aber Einwanderer wie den Mauerläufer oder die Alpendohle trieb weniger die schiere Wanderlust. Vielmehr hatte sich ihr Lebensraum durch all die relativ jungen Kettengebirge nach Westen erweitert. Unterwegs begründeten sie Brutpopulationen im Kaukasus ebenso wie im Taurus, im Balkan-Gebirge und genauso in den höheren Regio-

Auch in jüngster Zeit bleiben die Alpenbewohner in Bewegung. Die großen Räuber kehren vermehrt in den Alpenraum zurück. Den Luchsen kommt dabei entgegen, dass in den Gebirgswäldern so viele Rehe und Hirsche leben wie schon lange nicht. Auch der Wald selbst hat wieder eine Ausdehnung erreicht wie zuletzt vor Jahrhunderten.

nen des Karpatenbogens. Und in den Alpen war nicht immer Endstation: Alpendohlen und Mauerläufer finden sich auch in den Apenninen und Pyrenäen.

Statt aus den Fernen des Ostens kamen viele Alpenbewohner ursprünglich aus der Kälte des Nordens – Schneehase und Schneehuhn blieben gewissermaßen am Endpunkt ihrer transkontinentalen Reise hängen. Mit der Eiszeit hatten sich nicht nur die Gletscher, sondern auch die arktische Tundra über weite Teile Europas ausgebreitet. Von Norden her reichte der Eispanzer bis Dänemark und erstreckte sich über Nord- und Ostsee, im Süden waren die Alpen und ihr Umland von Eismassen bedeckt. Dazwischen eröffnete sich ein breiter Gürtel mit Zwergstrauchtundra und Moossümpfen für Tiere, die höheren Baumbewuchs verschmähen.

Als die Eiszeit langsam ihren Griff um den Kontinent lockerte, breiteten sich die Wälder wieder aus. Dadurch hatten Arten wie das Alpenschneehuhn oder der Mornellregenpfeifer zwei Möglichkeiten. Entweder kehrten sie dorthin zurück, wo sie hergekommen waren – in die arktischen Regionen. Oder sie flüchteten vor der Erwärmung und ihren Begleiterscheinungen in höhere Lagen. Wozu sich die Alpen natürlich trefflich eigneten. Die Schneegrenze über sich, die Baumgrenze unter sich, wanderten die frisch gebackenen Alpinisten aus der Arktis gemeinsam mit der Vegetationszone der Tundra immer höher hinauf. Das ist der Grund, weshalb Schneehühner und Schneehasen Tausende Kilometer voneinander getrennt wurden.

Auch die Murmeltiere waren auf der Flucht vor dem Wald. Ihre Vorfahren stammten aus den asiatischen Kältesteppen, wo mit dem Edelweiß auch ein anderer alpiner Klassiker seine Wurzeln hat. Im breiten Steppengürtel Mittel- und Osteuropas fanden sie während der Eiszeiten passende Lebensbedingungen. Die wiederkehrende Waldvegetation trieb die Bobaks allerdings weiter in den Osten des Kontinents hinein – oder auf die waldlosen Inseln der Berge hinauf.

Nach Ende der jüngsten Glazialperiode war es für diese geselligen Erdhörnchen noch immer nicht ausgestanden. In der Phase zwischen 2000 bis 500 Jahren vor unserer Zeitrechnung gingen ihnen in vielen Gebieten der Ostalpen die Rückzugsmöglichkeiten

aus. Im besonders warmen Subboreal bedeckten die Wälder ganze Gebirgsstöcke. Ein existenzielles Problem, wenn man bedenkt, dass Murmeltiere immer einen Respektabstand zum Wald halten. In der Folge wanderten die meisten Murmeltiere in die höheren Westalpen weiter, im Ostalpenraum tat der menschliche Einfluss den Rest, um die Tiere vereinzelt in besonders günstig gelegene Hochsteppen zurückzudrängen. Durch groß angelegte Wiedereinbürgerungen sind sie aber heute bis in die östlichsten Teile des Gebirgszugs zurückgekehrt.

Mit der Eiszeit hatte sich die arktische Tundra über Mitteleuropa ausgebreitet. Als es wieder wärmer wurde, kehrten die riesigen Wälder zurück in die Alpentäler – und schnitten vielen arktischen Arten den Rückweg ab.

Mit der Rückkehr des Waldes nach den Eiszeiten hielt
auch dessen Lebensfülle wieder Einzug in die Alpen. In
den nachfolgenden Wärmeperioden waren die
Bergstöcke praktisch lückenlos mit dichtem Wald
bedeckt. Marder und Bären folgten ihrer Beute in den
Dschungel zu Füßen der Alpen. Dachse begannen ihre
unterirdischen Baue zu graben, die trotz enormen
Ausmaßes immer ordentlich geputzt und aufgeräumt
sind. Und Spechte legten im Altholz ihre Höhlen an, die
– nachdem die Spechte ausgezogen sind – auch
Nachmietern offen stehen.

Mit den Wanderungsbewegungen entstanden neue Allianzen – und alte Feindschaften: Seit die Murmeltiere in den Alpen gestrandet sind, konnten die Steinadler die Palette ihrer Beutetiere erweitern.

Überhaupt ist der Zuzug in die Alpenregion noch lange nicht beendet. In den letzten Jahrzehnten haben sich immer wieder neue Arten in das bergige Ökosystem eingefügt. Sie fanden hier ähnliche Bedingungen vor wie in ihrer ursprünglichen Heimat und blieben. Das Rotsternige Blaukehlchen scheinen die feuchten Gebüsche an der Baumgrenze so stark an die Tundren Finnlands und Sibiriens zu erinnern, dass es auch in Mitteleuropa zu brüten begann. Im Verlauf von mehreren Jahrzehnten ist auch die Wacholderdrossel vom Irrläufer und Durchzugsgast zum fixen Bestandteil der Alpen-Tierwelt geworden. Etwas neueren Datums ist der Aufenthalt des Karmingimpels, der sein riesiges Verbreitungsgebiet zwischen Kamtschatka und Skandinavien, zwischen dem Himalaja und dem Sibirischen Plateau um ausgedehnte Bereiche in den Ostalpen ergänzt hat.

In den letzten Jahren beschleichen österreichische Jäger immer öfter Zweifel, ob das, was sie da erlegt haben, tatsächlich ein Fuchs sein kann. In solchen Fällen handelt sich mitunter um einen Räuber, den man eher in den Savannen Afrikas vermuten würde als etwa in Badgastein. Genau dort, unter dem Grau-kogel, wurde vor ein paar Jahren ein Goldschakal geschossen. Die räuberischen Allesfresser sind schon vor 12.000 Jahren nach Südeuropa eingewandert. Nachdem in der Zwischenzeit ihr Erzfeind, der Wolf, beinahe ausgerottet worden ist, sind die Schakale über den Weg durch Slowenien und die italienischen Alpen auch im Ostalpenraum dabei, Fuß zu fassen. In Zukunft könnte also vielleicht an den Waldrändern Mitteleuropas öfter ein unheimlicher Klagelaut zu hören sein, der einen für einen kurzen Moment in die afrikanische Wildnis versetzt.

Vorhergehende Doppelseite: Steinmarder schätzen felsiges Gelände bis 2000 Meter Seehöhe.

Bis heute bedeckten weite Waldgebiete die tieferen Alpenregionen. Doch das ist ein kläglicher Rest im Vergleich zur Vegetationsfülle vergangener Warmzeiten, als kein Bergstock unbewaldet war.

Zu den Neuzugängen der alpinen Tierwelt gehört das Rotsternige Blaukehlchen. Ursprünglich aus Nordeuropa und Sibirien stammend, besiedelt es in den letzten Jahren die Baumgrenzregion der Alpen. Im Winter wird es ihnen dann hier aber doch zu frostig, weshalb die Blaukehlchen enorme Langstreckenflüge auf sich nehmen: Bis nach Indien verschlägt es manche Exemplare, andere nach Syrien, Israel oder auf die Arabische Halbinsel.

Sperlingskäuze kommen bevorzugt in den riesigen Wäldern Nordeuropas vor. Aber sie haben auch den Aufenthalt im weitläufigen Nadelgehölz der mittleren Höhenlagen in den Alpen zu schätzen gelernt. Hier jagen sie Mäuse und kleinere Singvögel. Ihre räuberische Lebensweise würde man den kleinen Eulen auf den ersten Blick gar nicht zutrauen: Sie werden kaum größer als Spatzen, können aber leicht Vögel erbeuten, die ihnen ebenbürtig sind – zumindest, was die Körpermaße betrifft.

Als typische Tiere der arktischen Tundren hätten die Mornellregenpfeifer eigentlich nichts in den Alpen verloren. Sie brüten vorzugsweise im arktischen Asien, in Finnland oder auf den Gebirgen Schottlands. Während der Eiszeit konnten sie aber das mitteleuropäische Gebirge besiedeln, auch wenn das ziemlich lange unbemerkt blieb: Erst im Jahr 1852 wurde ein brütender Mornellregenpfeifer im Ostalpenraum entdeckt – auf dem Zirbitzkogel in den Seetaler Alpen.

VIII | Wetterküche und Mikroklima

Wetterküche und Mikroklima

Der Föhn ist bekanntlich an allem schuld. Nur für die Tiefdruckgebiete, die sich ständig von Westen dem Alpenraum nähern, kann er nichts. Weil die sind am Föhn schuld.

Das vor allem, weil sie grundsätzlich gegen den Uhrzeigersinn rotieren. Immer wenn sich einer dieser Tiefdruckwirbel über den Kontinent schiebt, wird an seiner Vorderseite reichlich Mittelmeerluft dazu gezwungen, von Süden nach Norden zu strömen. Zuweilen geschieht das auch in umgekehrter Richtung mit ähnlichen Föhn-Effekten. Jedenfalls ist dabei der Alpenbogen im Weg, also muss die Luft aufsteigen. Dabei verliert sie kontinuierlich an Temperatur – und damit an Fähigkeit, den mitgeführten Wasserdampf zu tragen. Hat sich die Luft auf weniger als zehn Grad Celsius abgekühlt, entlässt sie einen Teil des Wassers als Staubewölkung. Dieser Vorgang setzt

allerdings auch zusätzliche Energie frei, die „latente Wärme". Dadurch geht die Abkühlung beim weiteren Aufstieg langsamer vor sich.

Wenn auch nicht weniger eindrucksvoll: Immer mehr Wasser wird in Wolkenform frei und bildet riesige Föhnmauern über den Berggipfeln. Wenn die Luft den Alpenhauptkamm erreicht, hat sie einen Großteil ihres Feuchtigkeitsgehaltes bereits abgeregnet. Und dennoch stürzen die Wolken wie ein Wasserfall über die Nordhänge hinab – sie werden von der Tropopause, dem Plafond des Wettergeschehens in der Atmosphäre, in die Täler zurückgedrückt. Bei der Talfahrt erwärmt sich die Luft verhältnismäßig schnell, wobei der Fallwind zum warmen Föhn wird. Der Wind enthält sehr wenig Feuchtigkeit, die bei der Verdunstung Wärmeenergie an sich binden könnte. So kann sich die Luft auf ihrem langen Weg in die

Täler kräftig erwärmen. Was dazu führt, dass sie in den Tälern der Alpennordseite deutlich wärmer ankommt, als sie im Mittelmeerraum gestartet ist. Allerdings kann die Alpenüberquerung gelegentlich von heftigen Luftturbulenzen begleitet sein. Dabei werden absinkende Luftmassen immer wieder hochgehoben, worauf der enthaltene Wasserdampf kondensiert und die charakteristisch ausgefransten Föhnwolken erzeugt. Indem sich dieser Vorgang mehrmals wiederholt, türmen sich einige Föhnwolkenschichten übereinander und geben gespenstische Himmelserscheinungen ab. Der Föhn ist aber nur eine von zahlreichen paradoxen Eigenheiten des Bergwetters. Aber immer spielen die Topographie der Alpen und ihre Lage quer über dem Kontinent eine entscheidende Rolle. Die Alpen akzentuieren die Grenze zwischen mediterranem, atlantischem und kontinentalem Klima – sie

Ein gewaltiger Föhnsturm zieht über die Alpen östlich des Großglockners. Wenn Tiefdruckwirbel feuchte Luftmassen über den Gebirgsbogen treiben, türmen sich Föhnmauern über den Gipfeln.

Vorhergehende Doppelseite: Im mächtigen Ecrins-Massiv auf der französischen Sonnenseite der Alpen. Südhänge sind im Jahresschnitt ein halbes Grad wärmer als Nordhänge. Der winzige Unterschied hat weitreichende Auswirkungen: Ein halbes Grad mehr bedeutet ein ganzes Monat weniger Schneedecke.

machen Gegensätze stärker spürbar. Immerhin bilden sie im Westen eine mehr als 250 Kilometer breite Wetterscheide, im Osten verschmälern sie sich auf 150 Kilometer, wobei hier mächtige Längstäler wie jene des Inn oder der Drau lokal für ausgeprägte Klimaeffekte sorgen. Grundsätzlich wirken aber zwei meteorologische Hauptkräfte auf das Kettengebirge: Feuchte Luftmassen nehmen die Alpen in die Zange – aus nordwestlicher Richtung vom Atlantik und von der Adria kommend. Durch das Gebirge werden sie zum Aufsteigen gezwungen, kühlen ab und kondensieren ihren Wassergehalt zu Wolken. Das bringt die Randgebiete der Alpen in den zweifelhaften Genuss vermehrter Niederschläge und verringerter Sonneneinstrahlung. Wobei in Richtung Osten die durchschnittlichen Niederschlagsmengen abnehmen und die Südalpen nach mediterraner Art vor allem im Herbst befeuchtet oder beflockt werden, während in nördlichen Randlagen ein Maximum im Sommer und ein weiteres im Winter zu verzeichnen ist.

Inneralpin geht es in der Regel um einiges trockener zu. Am oberen Inn in Tirol oder im wallisischen Rhônetal stellen schützende Gebirgszüge im Norden und Süden sicher, dass die Niederschlagsmengen wenig ergiebig bleiben. Die durchschnittliche Schnee- oder Regenmenge an einem Tag mit gelegentlichen Schauern beträgt stellenweise gerade einmal einen Millimeter. Zwischen den großen West-Ost-Ketten scheint außerdem die Sonne länger und öfter, was die Durchschnittstemperaturen ansteigen und die Dauer der Schneebedeckung zurückgehen lässt. Das bedeutet mehr Energie und längere Wachstumsperioden, weshalb die Vegetationszonen im inneralpinen Bereich gegenüber dem Rand der Alpen ein Stück nach oben verschoben sind.

Entscheidende Elemente des Klimas sind aber oft hausgemacht und in der lokalen Topographie begründet. Etwa ob eine Gegend zu Inversionswetterlagen mit sonnenbestrahlten Gipfeln und nebelversunke-

Auf der Sonnenseite der Alpen scheinen die eisigen Welten des Hochgebirges unendlich weit entfernt. Wärmeliebende Arten wie die Smaragdeidechsen sorgen in den Südalpen für mediterranes Flair.

nem Tal neigt. Oder ob wirklich jede Regenwolke ausgerechnet am jeweiligen Hausberg ihre nasse Fracht
abladen muss. Zu verallgemeinern sind hingegen
erhebliche Klimaunterschiede zwischen Nord- und
Südhängen. Eine kleine Differenz von einem halben
bis zu einem Grad Celsius im Jahresmittel hat große
Wirkung auf die Verteilung der Vegetation und das
Verhalten der Alpentiere. Wenig verwunderlich,
bedeutet doch ein halbes Grad mehr im Jahr einen
ganzen Monat weniger Schneebedeckung. Trotzdem
zeigen Schneehühner eine ausgesprochene Vorliebe
für Nordhänge. Dort ist es zwar kälter, dafür vereist
der Schnee nicht so stark und die Hühner können sich

*Rechts: Dichte Herbstnebelschwaden ziehen durch die
Bäume des Lärchachs im Fuschertal. Die feuchte
schwere Luft liegt in der kalten Jahreszeit oft
wochenlang in den Tallagen, während weiter oben die
Hochgebirgssonne lacht.*

*Unten: Die Täler des Tennengebirges sind oft bis an den
Rand mit Wolken gefüllt. Das kann natürlich nicht ohne
Folgen bleiben: In diesem Teil der Salzburger Alpen
sammeln sich übers Jahr im Schnitt erhebliche
Niederschlagsmengen.*

für die Nacht im weichen Pulverschnee eingraben, der kälteisolierend wirkt. Einer anderen Logik folgen Gämsen und Steinböcke, die sich im Winter lieber auf Südhängen aufhalten, wo Sonne und Wind für mehr schneefreie Stellen sorgen.

Gleichfalls eng mit der lokalen Geländeform verknüpft sind die vielfältigen Erscheinungsformen des Windes. Überall wo es eng wird, verstärkt sich der Luftzug. Dabei ist es egal, ob die Luftströme in horizontaler oder senkrechter Richtung zusammengedrückt werden. Dementsprechend findet man auch über Hochplateaus, auf Bergrücken und in quer überströmten Tälern besonders hohe Windgeschwindigkeiten. Hügel, Höhenrücken und Geländestufen sorgen zusätzlich für Dynamik in Gestalt von Wirbeln, Böen und Fallwinden.

Um mit solchen mitunter überraschenden und auch gefährlichen Launen der Luft umzugehen, bedarf es hervorragender Flugkünste, schnellen Reaktionsvermögens und guter Kenntnis der tückischen Windverhältnisse, die in vielen Winkeln der Alpen herrschen. Oder kurz: Man muss ein Steinadler sein. Er verbringt einen Großteil seiner Flugzeit damit, sich von Aufwinden tragen zu lassen, und nutzt die thermischen

Oben: Schneehühner lassen sich bereitwillig einschneien oder zuwehen. Denn die luftige Schneeschicht wärmt und macht für die Hochgebirgs-Hühner die kalten Winternächte besser ertragbar.

Links: Gämsen müssen sich stets vor der allgegenwärtigen Lawinengefahr in Acht nehmen. Zahlreiche der kletterfreudigen Huftiere werden jeden Winter von rutschenden Schneemassen zu Tal gerissen.

Folgende Doppelseite: Langsam zerstreut die aufgehende Sonne den nächtlichen Nebel, der sich zwischen den sanften Formen der Nockberge verfangen hat.

Effekte aus, um auch mit möglichst bescheidenem Energieeinsatz stundenlang Hunderte Kilometer weit zu segeln. Dabei erreicht er leicht Geschwindigkeiten von 160 Kilometer pro Stunde – ohne einen einzigen Flügelschlag. Um sich allerdings nicht gänzlich den Tücken der Thermik auszuliefern, belauern die Steinadler ihre Beute meistens von Aussichtsplätzen mit Bodenhaftung. Weil ihre Mahlzeiten häufig auf vier Beinen unterwegs sind – und das recht schnell –, versuchen die scharfäugigen Beutegreifer das Risiko eines Fehlschlags zu minimieren. Dieses ist schon unter normalen Umständen hoch genug: Nur durchschnittlich jeder zwanzigste Versuch, Beute zu schlagen, ist auch von Erfolg gekrönt.

Wie unberechenbar Steigwinde und warme Luftsäulen auch sein mögen, die Unterstützung durch die Thermik ist erheblich. Dies zeigt sich, wenn die bis zu mehr als acht Kilogramm schweren Gänsegeier auf Sommerbesuch in die Alpen kommen. Ohne Aufwindströmungen wirken die großen Geier ein bisschen wie Hofhühner mit Flugambitionen: Schwerfällig und sichtbar angestrengt schlagen sie mit ihren Schwingen, allerdings ohne nennenswert an Höhe zu gewinnen. Kommen die fülligen Geier allerdings in eine günstige Aufwärtsströmung, steigen sie wie Papierdrachen. Auf manövriertechnische Feinheiten können Gänse- und Bartgeier im Gegensatz zum Steinadler verzichten. Ihre Nahrung – Aas und Knochen – kann auch schwer flüchten.

Ebenso elegant wie bei den gleitenden Geiern und Adlern und dazu auch wesentlich vielseitiger ist der Flugstil der Alpendohlen. Sie operieren mit der gesamten Palette flugtechnischer Kniffe, vom geschickten Ausnutzen der Windschatten und kleinräumigen Sogeffekte bis zur Pirouette im Aufwind oder dem Flug ohne Flügelschlag entlang der Landschaftskontur. Aus eigener Kraft erreichen die Kunstflieger Geschwindigkeiten von bis zu 80, mit Rückenwind bis über 200 Kilometer pro Stunde. Aber nicht immer benutzen sie ihre Flügel nur für Schwindel erregende Manöver. Wenn Alpendohlen auf weichem Pulverschnee landen müssen, breiten sie ihre Schwingen aus und verhindern damit, dass sie im lockeren Untergrund einsinken.

Die vielfältigen Wettersituationen in den Alpen erfordern perfekte Anpassung von allen Bewohnern. Einstellen kann man sich allerdings nur auf das, was vorhersehbar ist. Und das sind viele Naturereignisse des Winters nicht, zumindest für die tierischen Alpinisten. Aber auch die Lawinenforscher kämpfen mit den physikalischen Tücken des Wassers und seiner Erscheinungsformen. Grobe Regeln für die Entstehung von Lawinen sind natürlich längst aufgestellt: Freies, baumloses und zwischen 30 und 45 Grad steiles Gelände ist besonders gefährdet. Also weite Teile der Alpen über der Baumgrenze – und durch ausgedehnte Rodungen auch viele Gebiete weit darunter.

Sonst ist es mit den Regeln schon schwieriger. Gut, ergiebiger Schneefall führt dazu, dass sich der Neuschnee nicht verfestigen kann und unter seinem eigenen Gewicht leichter abrutscht. Starker Wind verfrachtet zusätzlich große Mengen von Schnee auf die Lee-Seiten von Gipfeln, Graten und Gefällsbrüchen. Wenn danach auch noch die Temperaturen steigen, verliert die weiße Decke vorübergehend noch zusätzlich an Stabilität. Wenn sich schlüpfrige Schwimmschnee-Schichten im Querschnitt der Schneedecke befinden, wird es besonders heikel. Abgesehen davon ist man bei der Beurteilung der akuten Lawinengefahr aber auf Erfahrungswerte angewiesen, die sich vor Ort seit Jahrhunderten angesammelt haben.

Zwar speisen die Lawinenforscher immer mehr Einflussfaktoren in ihre Rechenmodelle ein und verfeinern dadurch ihre Computersimulationen. Entschei-

dend ist dabei vor allem die physikalische Beschaffenheit des Schneekristalls, das eine unglaubliche Formenvielfalt hervorbringt. Insgesamt unterscheidet man zwischen 20 verschiedenen Schneearten in den Alpen. Ob Schmelzharsch, Sulzschnee, Oberflächenreif oder Faulschnee – den unendlich komplexen Wechselwirkungen des kristallisierten Wassers ist unter natürlichen Bedingungen schwer beizukommen. Letztlich kann deshalb niemand exakt vorausberechnen, an welchem Teil des Hangs wann eine Lawine abgehen wird. Weshalb vorerst weiterhin Schaufeln in die Schneedecke geschlagen und Rutschblöcke ausgegraben werden müssen, um verdächtige Hänge zu prüfen oder sie mittels Sprengsatz vorsorglich von der obersten Schneeschicht zu befreien.

Einst wurden sie als weiße Monster dargestellt und mit allerlei grimmigen Mythen befrachtet. Bis heute sind Lawinen unheimliche Erinnerungshilfen an die Übermacht der Natur geblieben, unbezwingbar trotz Betonwällen, Hubschraubern und Sprengseilbahnen. Für die Ökologie des Hochgebirges sind sie aber mehr – eine wichtige Überlebenshilfe. Weniger für die zahlreichen Gämsen und Steinböcke, die jeden Winter auf Schneebrettern in die Tiefe schlittern oder von Nassschnee-Lawinen eingemauert werden. Aber Steinadler und Bartgeier, Füchse und Kolkraben hätten ohne Lawinenopfer keine Chance, bis zum nächsten Frühling durchzukommen.

Das Auffinden eines Lawinenopfers ist allerdings ein seltener Glücksfall, weshalb sich Steinadler und Bartgeier zu wahren Hungerkünstlern entwickelt haben. Im Extremfall können sie vier bis sechs Wochen ohne Nahrungsaufnahme auskommen. Verständlich, dass sie den Hals nicht voll kriegen können, wenn dann ein totes Huftier im Lawinenkegel liegt. Sie fressen so viel, dass der Kropf sichtbar hervortritt. Außerdem merken sie sich die Fundstellen genau und kommen immer wieder, um Nachschlag zu holen. Dabei werden sie oft genug von Kolkraben beobachtet, die für die Vorleistung der Greifvögel dankbar sind. Sie können nämlich einen unverletzten Kadaver schwer selbst öffnen. Um das rare Aas können heftige Verteilungskonflikte entbrennen, weil umgekehrt auch ein Steinadler die Raben als unfreiwillige Kundschafter benutzt. Theoretisch können einzelne Kolkraben ihren mangelnden Respekt vor dem Herrscher der Alpen mit dem Leben bezahlen. In der Praxis sind es aber mit-

Der Hochgebirgswinter stellt extreme Anforderungen an ein Wolfsrudel. Umso wichtiger wird eine präzise Organisation der Beutebeschaffung: Wenn sie eine Gämse verfolgen, teilen sich die Wölfe auf. Ein Teil des Rudels treibt das Beutetier vor sich her, ein anderer schneidet ihm den Weg ab. Doch ein Problem bleibt: Die Gämsen sind durch ihre Spezialhufe auf gebirgigem Terrain klar im Vorteil. Die Wölfe müssen viele Fehlschläge hinnehmen, bevor sie irgendwann endlich erfolgreich sind.

unter die schlauen schwarzen Schmarotzer, die in der Überzahl dem Steinadler lästig werden.

Füchse vermeiden solche Auseinandersetzungen, indem sie sich nachts über die Steinwild-Kadaver hermachen. Sie haben genug damit zu tun, hungrige Artgenossen von dem gefundenen Fressen fern zu halten. Kaum in Konflikt mit anderen Aasfressern kommen hingegen die Bartgeier. Sie stehen ganz unten in der Fresshierarchie. Erst wenn für Füchse, Raben und Adler nichts mehr zu holen ist, kommen sie zum Zug und verspeisen, was sonst keiner will: Knochen, Sehnen und Knorpel. Für viele Aasfresser sind die Lawinen auch eine Art natürlicher Tiefkühltruhe. Wenn die Bartgeier im Spätfrühling gerade mit der Aufzucht ihrer Jungen beschäftigt sind und Frischfleisch in die hungrigen Mäuler zu stopfen haben, kommen die verschütteten Gämsen und Steinböcke gerade recht, wenn sie in der Wärme nach und nach ausapern.

Lawinen reißen auf ihrem Weg natürlich auch den Baumbewuchs von den Hängen. Wo regelmäßig Schneemassen zu Tal donnern, können auch keine neuen Lärchen und Zirben mehr hochkommen, wodurch breite Schneisen im Waldgürtel entstehen. Solche Lawinengassen sind aber keineswegs nur Durchzugsrouten für Naturgewalten, sie stellen einen Lebensraum für hoch spezialisierte Pflanzengesellschaften bereit. Grünerlen sind erstens nicht besonders hoch und zweitens mit außerordentlich biegsamem Astwerk ausgestattet. Wenn eine Lawine über sie hinwegfegt, schmiegen sie sich an den Boden an und bleiben unbeschädigt. Außerdem treiben sie ungewöhnlich spät im Jahr aus, damit die empfindlichen Blätter nicht von den Schneemassen weggerissen werden können. Gemeinsam mit Bakterien, den so genannten „Strahlenpilzen", erweisen sie darüber hinaus pflanzlichen Nachbarn einen wichtigen Dienst. Die Bakterien ermöglichen es den Grünerlen, Luftstickstoff zu binden und in Biomasse umzusetzen.

Lawinen sind nicht nur Naturkatastrophen, sie liefern auch Nahrung für Adler, Bartgeier, Wölfe und Füchse. Diese Fleischfresser würden ohne Lawinenopfer kläglich verhungern.

Dies ist ein Grund für den Nährstoffreichtum solcher Standorte, wodurch im Umkreis der Grünerlen viele Blütenpflanzen wie Alpen-Milchlattich, Meisterwurz oder Alpenampfer üppig gedeihen können.

Die kontinentalen Klimaphänomene wirken bis in die letzten Winkel der Alpen fort. Aber manche Winkel scheinen die mächtigen Großwetterlagen zu verhöhnen. Und viele Lebewesen machen sich ihr Klima selbst. Allein wer es schafft, sich dem Wind und seinen frostigen Begleiterscheinungen zu entziehen, kann einiges an Komfort gewinnen.

Schneefinken sind die verwegensten Hochalpinisten. Bis über 4000 Meter Höhe reicht ihr Aufenthaltsraum. Ihre winterlichen Schlafstellen suchen sie sich durchaus noch in windumtosten Steilhängen auf 3000 Meter. Hier machen Stürme mit mehr als 100 Stundenkilometern die klare Luft schneidend scharf vor Kälte. Bei minus 30 Grad Celsius Außentemperatur kehren die Schneefinken am Abend von ihren tiefer gelegenen Futterplätzen zurück − in Wohnspalten, die vergleichsweise anheimelnde minus neun Grad kalt sind. Der mikroklimatische Trick beruht einzig darauf, sich vollständig dem Wind zu entziehen. Einen halben Meter im Inneren des Felsens hinter einer kräftigen Biegung ruhen die kleinen Sperlingsvögel und spüren nichts mehr von dem Sturm, der draußen die ganze Nacht hindurch tobt.

Man kann aber nicht nur Temperatur gutmachen, indem man sich vor dem Sturm versteckt, man kann sich auch an den exponiertesten Windecken trauliche Bedingungen erzeugen. Die Gämsheide *Loiseleuria procumbens* schafft das durch ein besonders dicht gewachsenes Blätterdach, das in drei Zentimeter Höhe abschließt. Darüber pfeift der kalte Wind durch die trockene Luft, darunter kann die Temperatur bei Sonnenschein mehr als 40 Grad Celsius erreichen. Tropisch ist auch die Luftfeuchtigkeit in diesem Miniaturwald: Sie beträgt 80 bis 90 Prozent unmittelbar über dem Boden.

Großteils unter Tag zurückgezogen hat sich hingegen der kleinste Baum der Welt, die Krautweide. Sie besitzt unterirdisch kriechende Sprosse, über der Erde werden diese Winzlinge oft nur zwei bis drei Zentimeter hoch. Das erlaubt diesen manchmal bis zu 100 Jahre alten Zwergsträuchern das Vorkommen an

Standorten, die bei anderen Pflanzenarten nicht sonderlich begehrt sind. In windgeschützten, schattigen Geländemulden bleibt der Schnee am längsten liegen, was die sommerliche Vegetationszeit für die Krautweiden enorm verkürzt. Die wissen sich allerdings zu helfen und sorgen vor: Im Herbst warten bereits fertig ausgebildete Blütenanlagen auf den kalten, kurzen Sommer.

Wer allerdings gezwungen ist, in größeren Höhen unter freiem Himmel seinen Tagesaktivitäten nachzugehen, braucht eine Sonderausstattung. Besonders wenn man zur eher verfrorenen Gruppe der Fluginsekten gehört. Als Kälteschutz reicht die dichte Körperbehaarung von Hochgebirgs-Hummeln wie *Bombus alpinus* kaum, sie reservieren Teile ihres Stoffwechsels eigens für die Wärmeproduktion aus mechanischer Muskelkraft. Diese biologische Standheizung ermöglicht es ihnen, bei wenigen Plusgraden die Brut zu wärmen, Nektar zu sammeln und dabei in Höhen vorzudringen, die Tiefland-Hummeln verschlossen bleiben. Dafür müssen die hoch fliegenden Hummeln auch für zusätzlichen Treibstoff sorgen – und großzügige Honigvorräte anlegen.

Schon die geschickte Wahl des Standorts kann die Wärmebilanz gehörig aufbessern. An einem Sommertag können auf Überhitzungsstandorten im Fels mit Erdauflage am frühen Nachmittag Temperaturen bis zu 80 Grad Celsius auftreten, im Spaltengewirr eines Schuttfeldes sind es kaum zehn Grad. Solche Effekte nutzen viele kleine Bewohner der hochalpinen Lagen. Die Sibirische Keulenheuschrecke weist sogar mit erheblicher Lautstärke darauf hin: Kaum kommt die Sonne heraus, fängt sie an zu zirpen und sorgt für einen Hauch von subtropischer Stimmung auf 2500 Metern.

Der Steinadler hat im Lawinenkegel einen wertvollen Fund gemacht. Doch solche Mahlzeiten sind selten. Adler müssen in der Wintersaison fasten lernen. Bis zu sechs Wochen können sie ohne Nahrung auskommen.

Wolfsspinnen dringen bis in große Höhen vor. Allerdings müssen auch sie bei zunehmender Seehöhe mit den Energiereserven immer sorgfältiger umgehen. Aber zum Glück gibt es auch jenseits der Baumgrenze Wärmeinseln, die kleine Räuber zu ihrem Vorteil nutzen können. Sei es, um sich kurz zwischendurch aufzuwärmen oder um die Vorteile des Mikroklimas bei der Jagd zu nutzen. In der Grasheidenregion kann es nämlich in Bodennähe erhebliche Temperaturunterschiede geben.

Kaum zeigt sich die Sonne, bejubeln die Sibirischen Keulenheuschrecken das mit ihrem lauten Zirpen, der Sommermusik sonniger Matten. Die Keulenheuschrecken bewohnen alpine Rasen bis zu 2500 Meter Höhe. Das macht jeden Sonnenstrahl und jeden Wärmegrad umso wertvoller. Durch geschickte Wahl ihres Standorts können sie bis zu 50 Grad Wärme auf sonnigen Flecken genießen. Wogegen nebenan im Schatten der Vegetation kaum 20 Grad erreicht werden.

An den südlichen Randlagen der Alpen finden sich zuweilen überraschende Bewohner. Auch wenn man Skorpione eher in Nordafrika vermuten würde, sie dringen bis nach Südtirol vor. Grundsätzlich zeichnet die Südalpen eine ganz besondere Welt von Tieren und Pflanzen aus: Viele mediterrane Arten haben hier ihre nördlichste Verbreitungsgrenze. Außerdem finden sich hier viele Überlebende der Eiszeit, weil die Gletscher den südlichen Rand der Alpen verschont haben.

IX | Verbündete des Winters

Verbündete des Winters

Wie gefrorener Brandungsschaum liegt das Weiß auf den Wellen aus Fels, darüber eisblauer Himmel, der Horizont eine sauber gezackte Linie. Anzusehen ist er ja schön, der Winter in den Alpen. Nur zu ertragen ist er schwer. Wer hier auf Dauer überleben will, braucht ein spezielles Kälteschutzprogramm – und einen ausgeprägten Hang zum frostigen Milieu. Es ist nämlich nicht nur so, dass manche tierische Alpinisten Schneemassen und klirrende Kälte mit ziemlicher Gelassenheit hinnehmen. Sie scheinen sogar einen Vorteil aus den harten Bedingungen zu ziehen, die verlässlich jedes Jahr für viele Monate lang ins Hochgebirge einziehen.

Nicht immer sind solche Wintergewinnler gleich zu erkennen, im Fall von Schneehase und Schneehuhn sind Äußerlichkeiten aber durchaus aufschlussreich. In farblicher Hinsicht sowieso – beide verbringen den Winter in Weiß. Mit den Prüfungen der Jahreszeiten ist das Federkleid der Schneehühner auf bemerkenswerte Weise synchronisiert. Je rascher im Herbst die Null-Grad-Grenze erreicht wird, umso schneller wechseln die Hühner ihr Gefieder, das ja im Sommer – Ton in Ton mit den alpinen Grasheiden ringsum – eher bräunlich anmutet. Sinkt die durchschnittliche Temperatur nicht unter den Gefrierpunkt, bleiben die Schneehühner braun. Ergiebiger Schneefall ist dann schließlich auch nicht zu erwarten und man würde unnötig auffallen, so ganz in Weiß.

Der kontinuierliche Umfärbungsprozess dauert bei den Schneehühnern mehrere Wochen – ganze zwei Monate benötigt der Schneehase jedes Jahr, um seinem Namen gerecht zu werden. Im Spätherbst ist er damit fertig, beginnt aber schon im März wieder mit der Rückfärbung, um rechtzeitig im Juni wieder in den Farben der Sommersaison gekleidet zu sein. Aber die Alpenschneehasen scheinen ohnehin nicht allzu viel auf weiße Tarnfarbe zu geben. So wenig, dass sie dem Schutz der Nacht erheblich mehr vertrauen. Dummerweise hat auch das nicht nur Vorteile. Nachts begegnet man zwar keinen scharfsichtigen Steinadlern, dafür anderen hungrigen Gesellen, auf deren Bekanntschaft der Schneehase gut verzichten kann: Füchse sind üblicherweise keine ausgesprochenen Gipfelstürmer. Aber wenn im langen Winter der Hunger plagt, wandern sie auch schon mal auf über 3000

Meter hinauf, um den einen oder anderen Schneehasen aufzustöbern. Besonders in der Dämmerung sollte jeder Fuchs allerdings auf Deckung achten. Wenn er Pech hat, bezahlt er nämlich seine Bergtour mit dem Leben: Als Nahrungskonkurrenten schätzen ihn die Adler nicht, als Mahlzeit mitunter schon.

Bei solchen Fressfeinden ist es wohl nur fair, dass die Schneehasen auch mit ein paar Extras aufwarten können: Sie haben zum Beispiel ein Gesichtsfeld von fast 360 Grad, sehen also alles ringsum, ohne den Kopf zu bewegen. Schneehasen hören außerdem genauso exzellent wie ihre Kollegen vom Feld, obwohl sie deutlich kleinere Ohren haben – ein Zugeständnis an die Eiseskälte im hochalpinen Winter: Der Wärmeverlust über die Hautoberfläche vermindert sich bei kleineren Lauschlöffeln beträchtlich.

Überhaupt ist Wärmedämmung oberstes Gebot bei der biologischen Ausstattung der Schneespezialisten. Das weiße Winterfell des Schneehasen ist mit einer extrem dichten Schicht von Wollhaaren unterfüttert. In den hautnahen Regionen des Pelzes kann so mehr Luft gespeichert werden – und vor allem wird sie nicht gleich wieder vom Wind weggeblasen, sobald sie sich ein bisschen erwärmt hat. Um dem luftigen Isolator die Flüchtigkeit zu nehmen, ist die weiße Fellfarbe der Hasen ebenso wichtig: Statt Farbstoff befinden sich in den Haaren mikroskopisch kleine Lufteinschlüsse, die für den gebleichten Effekt sorgen. Das ergibt rund 25 Prozent weniger Energiebedarf als mit dem braunen Sommerfell.

Der Winter erfordert ganz spezielle Fähigkeiten: Sparsamkeit, Geduld und Leidensfähigkeit. Doch manche Alpenbewohner schaffen es, die kalte Jahreszeit für ihre Zwecke zu nutzen.

Vorhergehende Doppelseite: Mit Hilfe der Thermik überwinden Alpendohlen jeden Tag Tausende Höhenmeter.

Wie man in der eisigen Hochgebirgswelt durch intelligentes Verhalten thermische Gutpunkte sammeln kann, zeigen die Schneehühner vorbildlich. Auf den ersten Blick wirkt zwar ihre Vorliebe für schattige Nordhänge wenig vernünftig. Aber angesichts der Leichtigkeit, mit der sich die Hühner in den luftig-trockenen Pulverschnee eingraben, erscheint die Standortwahl schon logischer. Schneehase und Schneehuhn profitieren beide vom Iglu-Effekt der wärmeisolierenden Schneeschichten und lassen sich bei Gelegenheit auch bereitwillig einschneien oder zuwehen.

Lockerer Pulverschnee ist gut für Bauvorhaben, aber schlecht, wenn man schnell verschwinden muss. Der üppige Bewuchs an den Läufen verschafft den Schneehasen einen mitunter existenzentscheidenden Vorteil: Wie mit Schneeschuhen sinkt man mit den breiten Plüschpfoten nicht so stark im Schnee ein – wie jeder Fuchs merkt, wenn er versucht, auf seinen schmalen Füßen einen flüchtenden Schneehasen zu erwischen. Das ist nämlich schwer möglich, der Flüchtende ist doppelt so schnell wie der Verfolger. Als einzige Chance bleibt dem Fuchs, auf den Überraschungseffekt zu vertrauen.

Diese Rollenverteilung steckt auch hinter einer eigentümlichen Form der Kommunikation, die zwischen Füchsen und Hasen abläuft: Erblickt das Langohr den heranschleichenden Räuber, flieht es nicht sofort, sondern steht aufgerichtet da. Vor Schreck erstarrt könnte man meinen, aber der Hase weiß, was er tut. Er teilt dem Fuchs mit, dass dessen Absichten durchschaut sind – und man sich doch eine ebenso kräftezehrende wie sinnlose Verfolgungsjagd ersparen könnte. Jäger und Gejagter schließen ein symbolisches Tauschgeschäft ab, das für beide Seiten ökologische Vorteile bringt. Kein Fuchs würde nach diesem viel sagenden Blickkontakt die Verfolgung aufnehmen, zumindest kam dem britischen Biologen Anthony Holley bei seiner zehnjährigen Langzeitstudie kein einziger unter.

Besonders wenn man eine lange, kalte Nacht vor sich hat, kann der Zeitpunkt der Nahrungszufuhr ent-

scheidend sein. Alpenschneehühner verlegen den Löwenanteil der Mahlzeiten auf die letzten beiden Stunden ihres Tagwerks. Ganz einfach gestaltet sich das allerdings nicht, weil ihre Nahrungspflanzen wie Bärentraube, Preiselbeere oder Gämsheide an vielen Stellen unter einer dicken Schneedecke verborgen liegen. Also müssen die Schneehühner tüchtig graben – oder sie suchen zugige Kanten und Hügel auf, wo der Wind den Schnee immer wieder entfernt. Aber selbst unter günstigen örtlichen Bedingungen kommt bei weitem nicht so viel Grünfutter zusammen wie im Sommer. Die Hühner tragen dem insofern Rechnung, indem sich ihre Trupps in kleinere Einheiten mit vier bis zehn Tieren aufteilen.

Dass sich die widerstandsfähigen Hühner und Hasen keine ausgefallenen Extras bei der Menü-Zusammenstellung leisten können, versteht sich. Im Winter bescheiden sich Schneehasen überhaupt mit Rinden, Zweigen und Fichtennadeln. Derlei ist nicht gerade prall mit Nährwerten gefüllt. Trotzdem garantiert das spezielle Verdauungssystem der Hasenfamilie die

Aufrechterhaltung einer ausreichenden Energieversorgung. Die Nahrung wird im Körper erst einmal aufgetrennt: in grobe Holzfasern, die sogleich den Weg alles Gefressenen gehen, und in Kraft spendende Bestandteile, deren Proteine, Fette und Vitamine im Blinddarm aufgeschlossen werden. Um das mit der gebotenen Gründlichkeit zu tun, ist allerdings ein zweiter Durchgang nötig. Deshalb pflegen sich Schneehasen auch über diesen Teil ihrer Ausscheidungen herzumachen.

Deutlich appetitanregender geht es bei den Schneemäusen zu, jenen Säugetieren der Alpen, die in die höchsten Regionen vordringen. Man hat sie am Montblanc auf 4700 Meter Höhe gefunden, ebenso am Finsteraarhorn und Piz Bernina. Wie sie das schaffen? Sie drehen die Verhältnisse um: Wenn der Schnee alles zudeckt, muss man sich dem Problem eben von der anderen Seite her nähern – von unten. In den langen Hochgebirgswintern legen die Mäuse ausgedehnte Gangsysteme unter der Schneedecke an, wo sie in aller Ruhe die Gräser und Polsterpflanzen abfressen können. Als angenehmen Nebeneffekt genießen die kleinen Wühler komfortable Temperaturen rund um den Gefrierpunkt, während einen Meter weiter oben Stürme für minus 30 Grad Celsius sorgen. Zudem entfernt sie selbst eine dünne Schneedecke unendlich weit von den Klauen aufdringlicher Beutegreifer, wenn man einmal von den Hermelinen und Mauswieseln absieht. Sie steigen auf mehr als 3000 Meter – immerhin bis auf Sonnblick-Niveau – hinauf und machen dort auch die Gangsysteme der Schneemäuse unsicher.

Ein Alpenschneehuhn im Kleid der Saison: Im Winter sind die heimlichen Hühner weiß getarnt und gut gepolstert – im Sommer braun gescheckt und dadurch ebenfalls betont unauffällig.

Aber sonst gilt: Je dicker die gefrorene Decke, desto besser – an schneesicheren Standorten finden sich deutlich höhere Zahlen der kleinen Überlebenskünstler. Dabei kommt ihnen entgegen, dass sie Gesellschaft schätzen, besonders aus Gründen der Wärmeregulierung. Im Nest ermöglicht die anheimelnde Anwesenheit anderer Koloniemitglieder eine Energieersparnis von mindestens 25 Prozent. Wohlige Wärme, kaum Berührung mit Fressfeinden und ein nie versiegender Nahrungsvorrat direkt vor dem Nest – wen kann es wundern, dass die Schneemäuse auch sieben Monate im Jahr unter Tag bleiben, wenn es die Bedingungen erlauben. Das einzige Zugeständnis an die rauen Bedingungen der Gipfelregion sind die Fortpflanzungsgewohnheiten. Maximal zwei Würfe mit je zwei bis sieben Jungen sind möglich. Für Vertreter aus der Verwandtschaft der Wühlmäuse ist dies eine karge Geburtenbilanz. Verwandte aus dem Tal wie die Feldmaus sind deutlich flotter: Sie schaffen bis zu sieben Generationen in günstigen Jahren.

Ebenfalls nur zweimal pro Saison gehen die Fichtenkreuzschnäbel an die Aufzucht der Stammhalter. Dass das ausgerechnet am Höhepunkt der kalten Jahreszeit geschieht, ist unter heimischen Vögeln äußerst ungewöhnlich – und funktioniert nur, wenn man einen ganz speziellen Pakt mit dem Winter hat. Grundlage ist eine der wenigen hochwertigen Nahrungsquellen, die selbst in verschneiten Bergwäldern im Überfluss zu finden ist. Die Zapfen von Fichten und Lärchen rei-

Bis das Winterfell den Schneehasen bis zu den schwarzen Ohrenspitzen bedeckt, dauert es seine Zeit. Im Verlauf von zwei Monaten tauscht der Hase das dünne Sommerfell gegen einen weißen Thermo-Pelz mit eingebauter Luftisolierung. Untertags lassen sich Schneehasen möglichst wenig blicken, um dem scharfen Blick des Steinadlers zu entgehen. Aber auch in der Nacht können die Hasen gefräßigen Räubern begegnen: Füchsen etwa, die der Hunger im Winter bis auf 3000 Meter Höhe treibt.

Folgende Doppelseite: Im Gegensatz zu den Gämsen sind Rehe absolut keine Tiefschnee-Spezialisten. Zu ihrem Glück kommen aber auch Wölfe oder Füchse in der dicken Schneedecke nur schwer vorwärts.

fen im Lauf der kalten Jahreszeit und halten im Spätwinter riesige Mengen an Samen bereit.

Die eigenwilligen Beißgeräte der Kreuzschnäbel eignen sich hervorragend für die Bearbeitung von Zapfen aller Art. Die Finkenverwandten turnen in halsbrecherischer Manier zwischen den Zweigen herum und spreizen gekonnt die Schuppenreihen der Zapfen auf, um die Samen mit der Zunge herauszukitzeln. Da die Samen eigentlich zu Boden fallen sollen, sind die Schuppen der Zapfen unpraktischerweise nach unten orientiert. Dies ist aber kein Problem für die Kreuzschnäbel: Sie hängen sich einfach an den Zapfen oder den nächsten Zweig und arbeiten sich kopfüber durch die Reihen. Dabei gehen sie sehr gründlich vor. Erweist sich ein Fichtenzapfen als handlich, wandern schon einmal 85 Prozent der ausgebildeten Samen in den Kropf.

Was nicht der eigenen Labung dient, wird an die Familie weitergegeben – vorerst an das Weibchen, das die Eier bebrütet und dem Partner die Nahrungsbeschaffung überlässt. Sind die Jungen dann ein paar Tage alt, unternehmen beide Elternteile Versorgungsflüge. Besonders anstrengen müssen sich die Kreuzschnäbel dabei aber nicht. Die Ausbeute einer dreiviertelstündigen Zapfenbearbeitung reicht leicht aus, um die Gefährtin und die Jungvögel längere Zeit zufrieden zu stellen.

Irgendwann, wenn im Winter bereits die ersten zaghaften Regungen des Frühlings bemerkbar werden,

öffnen sich die Zapfen und lassen einen regelrechten Samenregen über dem Waldboden abgehen. Davon profitieren dann auch die Bewohner des Erdgeschosses. Zuweilen erschließen sich für Rötelmäuse aber auch schon früher unvermutete Nahrungsquellen – wenn die Kreuzschnäbel an den Zapfen rütteln. Durch die akrobatische Fressmanier fällt nämlich mancher schmackhafte Samen vom Himmel. Manchmal ist

auch ein schwerer Zapfen dabei, aber mit dieser Gefahr können die Rötelmäuse gut leben, wenn sie sich am Fuß einer Fichte die Backen voll stopfen. Mit so mancher anderen Gefahr aber kaum, vor allem wenn sie in Gestalt eines Raufußkauzes am nächsten Baum lauert.

Auch wenn die eine oder andere Maus gleich einmal im Kauzschnabel landet, die Eulen-Verwandten sind

Hunger im Winter? Nicht für alle. Der Fichtenkreuzschnabel öffnet mit seinem Beißwerkzeug Zapfen und kitzelt die Samen heraus; Uhus stellen Mäusen und Schneehasen nach.

eigentlich am langfristigen Wohlergehen der Mäuse interessiert. Winter mit vielen Nadelbaum-Samen lassen die Mäuse prächtig gedeihen, was den Raufußkäuzen im Frühling bei der Aufzucht der eigenen Nachkommen sehr entgegenkommt.

Der plötzliche Überfluss an Pflanzensamen lockt auch zusätzliche Singvogel-Gäste in den winterlichen Bergwald. Das Risiko bei dem Besuch: Einige der Singvögel landen immer in den Nahrungsdepots der Sperlingskäuze. Allerdings müssen sich die räuberischen Eulenvögel darauf einstellen, dass das Überangebot an Beute nicht sehr lange anhalten wird. Wenn alle Samen aufgelesen und die letzten Singvögel aus dem Wald verschwunden sind, hält sich der Kauz an den steifgefrorenen Zeisigen schadlos, die er in verlassenen Spechthöhlen eingelagert hat. Und manchmal findet sich in dem mit toten Singvögeln vollen Tiefkühldepot auch ein Fichtenkreuzschnabel.

Nicht nur die Vogelfauna präsentiert sich ab Oktober deutlich ausgedünnt, auch in anderen Gruppen gilt: Wer Flügel hat, ist weggeflogen – möglichst weit weg. Es muss ja nicht gleich der Überquerung von Alpen und Mittelmeer eine Sahara-Reise folgen wie beim Distelfalter. Vielen Schmetterlingen mit schlechter Kälteresistenz und besserer Flugkondition reicht schon die Milde des mediterranen Winters. Admiral, Postillion oder Taubenschwänzchen verabschieden sich von den sonnigen Alpenwiesen, sobald sie nicht mehr ganz so stark besonnt sind. Mit Unterstützung der Thermik überwinden sie das Gebirge und steuern in Richtung Adria oder Côte d'Azur, um dort bei halbwegs erträglichen Temperaturen zu überwintern.

Wer sich jetzt als beflügeltes Wesen noch in unseren Breiten aufhält, ist freiwillig hier. Ein gestandener Einheimischer wie der Alpenapollo bleibt unbeeindruckt von südlichen Verlockungen und tut sich statt-

Mit dem eisigen Hauch scheint die Zeit zu gefrieren. Und damit das Leben. Doch der Eindruck trügt. Ob in den tief liegenden Wäldern oder den Gipfelregionen – überall verbergen sich Komplizen der Kälte.

dessen mit anderen eingesessenen Älplern zusammen: Zwischen den Wurzeln des Bewimperten Steinbrechs und der Berg-Hauswurz graben sich die Raupen des Apollofalters ein und warten einfach ab, bis es wieder Frühling wird. Auch die größeren unter den Daheimgebliebenen stellen sich beherzt den Herausforderungen, die da unweigerlich kommen: Mit knurrendem Magen im Schneesturm zu stehen ist für Rehe und Rothirsche zwar kein Vergnügen, aber in den meisten Fällen gerade noch zu ertragen.

Die komfortablere Wahl treffen all jene, die vor der trüben Kaltzeit überhaupt gleich die Augen verschließen. Winterschlaf erfordert aber weit reichende Vorbereitungen. Den Sommer über beeilen sich die Murmeltiere ordentlich Fett anzusetzen, und die größten Nager der Alpen fressen buchstäblich um die Wette.

Bevorzugte Kräuter wie Alpenklee, Labkraut, Mutterwurz und Bergwegerich lassen die Murmeltiere während des kurzen Hochgebirgssommers zweieinhalb Kilogramm zulegen − beachtlich bei fünf Kilo Gesamtgewicht im Herbst. Ganze 25 Prozent davon sind Speicherfett, ein Wert, der bei so manchen anderen Säugetieren bereits bedenklich stimmen würde. Die Murmeltiere sehen während des Sommers auch schon ziemlich rundlich aus. Nicht sehr überraschend, wenn man am Tag eineinhalb Kilo Pflanzenmaterial verdrückt.

Welchen Kräutern und Blüten die massigen Grasheidenbewohner den Vorzug geben, bestimmt weniger der Geschmack. Viel wichtiger ist der Gehalt an mehrfach ungesättigten Fettsäuren − davon versuchen die Tiere möglichst viel in die Speckschicht zu bekommen. Der Grund: Wenn sie später im Winterschlaf in einen komaähnlichen Zustand verfallen, verlangsamen sich nicht nur Atmung und Herzschlag auf das absolute Mindestmaß, die Körpertemperatur fällt auf bis zu drei Grad. Die mehrfach ungesättigten Fettsäuren vermindern nämlich den Schmelzpunkt des Fettes erheblich, wodurch auch bei tiefer Körpertemperatur Wärmeenergie freigesetzt werden kann.

Wie lange die Winterschlaf-Periode dauert, muss die innere Uhr der Murmeltiere steuern. In ihrem Bau sind sie von Außenreizen abgeschnitten, durch sorgfältig verstopfte Eingänge und eine meterdicke

Schneedecke darüber. Dennoch erwachen alle Tiere einer Familie gemeinsam − und jedes Jahr zur selben Zeit. Auch mehrmals während des Winters lässt das Murmeltier grüßen, dank der biochemischen Wecksignale. Körpertemperatur, Atmung und Blutdruck steigen an, die Gehirnströme zeigen Aktivität, die Augen bewegen sich hinter geschlossenen Lidern: Wahrscheinlich erwachen die Tiere also aus dem Winterschlaf, um einmal so richtig zu schlummern. Tiefschlaf ist nämlich bei den niedrigen Gehirntemperaturen des Kältekomas nicht möglich. Außerdem scheint die Erwärmung nötig zu sein, um dauerhafte Schäden in den Schaltkreisen der Nervenzellen zu verhindern. Bei Unterbrechung der Kältestarre wird Wärme vom Fettgewebe produziert. Ein biochemischer Trick veranlasst die Mitochondrien, ausschließlich Wärmeenergie zu produzieren − das Fett wirkt als Heizdecke mit Thermostat und Zeitautomatik. Wenn die Murmeltiere in gewissen Abständen aufwachen, verhalten sie sich erwartungsgemäß: Sie suchen erst einmal die Toilette auf. Im System eines Murmeltierbaus ist das eine spezielle Nebenkammer, die von den reinlichen Tieren nur zu diesem Zweck benutzt wird. Was sie dort machen, ist klar − warum sie es tun, weniger. Bei der Fettverbrennung entstehen nämlich nur Wasser und Kohlendioxid, also nichts Giftiges, das man so dringend wieder loswerden müsste.

Nach dem rituellen Latrinenbesuch kehren die Murmeltiere wieder in die Höhle zurück, wo alle anderen Familienmitglieder in einem gepolsterten Nest aneinandergeschmiegt schlafen. Auch dieses Verhalten ist Teil des Energiesparprogramms. Schon durch die verlangsamten Körperfunktionen reduzieren die Murmeltiere ihren Bedarf an biologischen Brennstoffen um die Hälfte. Durch die enge Nähe zu den Artgenossen sinkt der Energieverbrauch zusätzlich auf etwa ein Viertel, was eine Ersparnis von 75 Prozent ausmacht. Ein bisschen anstrengender wird der Winterschlaf, wenn Junge mit von der Partie sind, besonders für

Murmeltiere befinden sich im Wettlauf mit dem Winter. Sie müssen im kurzen Sommer ausreichend Reserven sammeln, um durch die kalte Jahreszeit zu kommen. Das bedeutet: so viel wie nötig so schnell wie möglich zu fressen.

jene Familienmitglieder, die für die Aufrechterhaltung der Nestwärme zuständig sind. Sinkt die Bautemperatur unter fünf Grad Celsius, müssen diese Wärmebeauftragten ihre Kältestarre unterbrechen, um mit ihren angekurbelten Körperfunktionen die jungen Mitschläfer ein bisschen anzuwärmen. Die Kleinen tun sich noch etwas schwer mit der Regulierung der Körpertemperatur, weshalb sie von den älteren Tieren unterstützt werden.

Während allseits in den Alpen die Hauptsaison mit gefinkelten Strategien zur Aktivitätsvermeidung ver-

Wenn sich die Murmeltiere im Frühling durch die Schneedecke buddeln, haben die feisten Nager erheblich abgespeckt. Innerhalb von wenigen Monaten müssen sie jetzt ihr Gewicht verdoppeln.

schlafen wird, entfaltet sich unter den prominentesten Hochgebirgsbewohnern erhebliche Betriebsamkeit. Dabei scheinen die Brunftrituale der Gamsböcke die reinste Form der Energieverschwendung zu sein. Wenn sich die Böcke im November über die steilsten Hänge und scharfkantigsten Felsen hetzen, mutet das an, als wären sie von Sinnen.

Die Turnierrennen sind schiere Brutalität. Die Böcke messen nicht nur ihre Ausdauer im Dauersprint und ihre Fähigkeit, zwischen steilen Felsspalten ohne Beinbruch davonzukommen. Nachdrücklich versuchen sie, mit ihren Krickeln den Rivalen zu treffen und auch zu verletzen, möglichst mit Anlauf. Benommen vom Aufprall nimmt dann meistens der Gejagte seinerseits die Verfolgung auf und treibt den Kontrahenten so lange, bis der Verfolgte seinen Häscher auf

einem Steilstück ausbremsen kann und den Spieß wieder umdreht. Die schwitzenden Flanken der Tiere pulsieren, heißer Atem dampft aus den Nüstern. Zu Ende ist die Hetzjagd erst, wenn einen der Gegner die Kraft verlässt – oder in manchen Fällen sogar die Lebensenergie.

Während der Wochen der Brunft haben manche Böcke tagtäglich solche Kämpfe durchzustehen, zum Fressen kommen sie dabei kaum. Bis zu 40 Prozent ihres Köpergewichts verlieren die Gamsböcke – und das gleich zu Beginn des Winters. Wer sich in der blinden Wut zu sehr verausgabt, kommt nicht mehr durch den Rest der kalten Jahreszeit. Dafür müssen sich die Gämsen nämlich sehr warm anziehen, um mit ein paar vertrockneten Kräutern, Flechten und Preiselbeeren durch den Winter zu kommen. Viele junge Böcke kommen völlig abgemagert in den Frühling. Wem schon früher die Kraft ausgeht, gereicht den Steinadlern und Füchsen zur Freude. Damit sich solche Verluste in Grenzen halten, treten bei den Hetzjagden nur etwa gleich starke Böcke gegeneinander an. Junge Böcke lassen es bei ein wenig Imponiergehabe bewenden, stolzieren kurz steifbeinig um den Gegner, stellen sich aber wohlweislich nicht der lebensgefährlichen Auseinandersetzung.

Trotzdem verwundert der verschwenderische Umgang mit Lebenskraft insofern, als die Gämsen sonst sehr sorgfältig mit ihren Energiereserven umgehen. Um Brennstoff nachzulegen, suchen sie gezielt freigewehte Kanten und Rücken in der nächsten Umgebung auf, wo der Wind die Pflanzen vom Schnee entkleidet hat – das erspart die Mühe beim Ausgraben. Bei Schlechtwettereinbrüchen verzichten die Tiere lieber auf eine Mahlzeit und suchen stattdessen einen windgeschützten Unterstand auf. Auch ihre körperliche Ausstattung zeigt sich energiesparend: An den Läufen habe sie kurze, spitz zulaufende Haare, an denen Schnee nicht festfrieren kann. Auch Nase und Ohren sind mit Behaarung und kleiner Oberfläche so konstruiert, dass sie wenig Wärmeverlust gestatten. Möglicherweise sind sie sogar in der Lage, ihre Körpertemperatur bei Bedarf nach unten zu korrigieren.

Der Zeitpunkt für die auszehrenden Paarungskämpfe scheint also denkbar ungünstig angesetzt. Aber wenn man unter besten Bedingungen im nächsten Frühling

Winterschlaf ist ein umfassendes Energiesparprogramm. Der Atem geht langsam, der Herzschlag wird abgebremst. Und indem sich die Murmeltiere eng aneinander kuscheln, wärmen sie sich zusätzlich.

und Sommer Junge aufpäppeln will, bleibt einem wenig übrig, als den Frühwinter für die Paarung zu nutzen. Große Säugetiere brauchen eben ihre Zeit, um sich zu entwickeln. Das ist der Grund, weshalb etwa die Rehe einen speziellen Kniff entwickelt haben, die energiezehrenden Männlichkeitsrituale in wärmere Zeiten verlegen zu können: Ihre Brunft findet zwischen Juli und August statt, die Kitze kommen aber erst frühestens im Mai zur Welt. Wenn es nach Größe und biologischer Austattung ginge, müssten die jungen Rehe eigentlich mitten im Winter geboren werden. Aber indem sich die befruchtete Eizelle erst nach einigen Monaten Keimruhe in der Gebärmutter einnistet, wird die Wintersaison überbrückt.

Auf solche Tricks können die Steinböcke nicht zurückgreifen. Deshalb gehen sie während der Brunftzeit sparsam mit ihren Kräften um. Zwischen Dezember und März stellen sie sogar das Wachstum ihres eindrucksvollen Gehörns ein. Alter und Körperkraft entsprechen mehr oder weniger der Größe des Kopfschmucks; wenn die Böcke schon etwas altersschwach

Trotz ihres unstillbaren Appetits bleiben Murmeltiere immer wachsam. Nahen Adler oder Fuchs, warnen Pfiffe die Artgenossen – ein unüberhörbares Signal, schleunigst unter der Erde zu verschwinden.

werden, hören die Hörner beinahe auf zu wachsen. Dadurch können die männlichen Tiere schon auf den ersten Blick abschätzen, mit welchem Gegner sie es zu tun haben. Das spart Energie, die sonst mit endlosem Imponiergetue und Kämpfen zur Vorausscheidung verschwendet würde.

Stehen dann etwa gleich starke Steinböcke einander gegenüber, erinnert nichts an den brutalen Beschädigungskampf der Gämsen. Eine fein abgestimmte Choreographie ersetzt den brutalen Kraftvergleich. Bei der Neigung des Kopfschmucks entscheiden wenige Zentimeter darüber, wie es der Träger meint: eher angriffslustig oder doch defensiv. Wenn die schweren Hörner dann doch lautstark gegeneinander krachen, hat es fast den Anschein, als wäre den Tieren die Anstrengung mühsam: Langsam richten sich beide Kontrahenten auf, heben die Vorderbeine und lassen die Hörner ineinanderfallen. Überlegt es sich einer der Böcke und lässt die Vorderläufe am Boden, kommt es nicht einmal zu Körperkontakt. Turnierrennen nach Art der Gämsen wären physikalisch auch schwer möglich – bei einem Gewicht von 100 Kilo und einem Körperbau, der ganz offensichtlich nicht auf Höchstgeschwindigkeiten ausgelegt ist.

Wenn die Steinböcke keine blinde Wut auf Geschlechtsgenossen entwickeln, hat das auch damit zu tun, dass die männlichen Tiere den Rest des Jahres in speziellen Rudeln unter sich bleiben. Dort haben sie den ganzen Frühling, Sommer und Herbst Zeit herauszufinden, wer der Stärkste ist und wer die entsprechenden Paarungsprivilegien erhält. In den eiskalten Hochgebirgswintern gibt es wahrlich besseres zu tun, als sich in ausufernden Kämpfen und Wettrennen zu vergeuden. Wer wie die Steinböcke Kraft spart, hat auch im Winter Reserven für wärmende Vergnügungen: den Steilhang hinaufzusteigen, um dem sinkenden Lauf der Sonne zu folgen – und jeden raren Strahl auszukosten.

X | Wilde Junge

Wilde Junge

Mancher Wanderer durch die schon frühlingshaft schneegefleckten Hochtäler mag schon seinen Sinnen nicht getraut haben: Massen von Fröschen hüpfen durch die Schneefelder, viele zu zweit huckepack aufeinander, manche gar zu dritt, begleitet von aufgeregtem Knurren und den schmatzenden Geräuschen, die sie im schweren Schnee erzeugen.

Wenn sich Lebewesen derart seltsam gebärden, kann das nur mit Fortpflanzung zu tun haben. Durch den Firn hopsende Grasfrösche sind da naturgemäß keine Ausnahme. Sie streben zur Paarung und Laichablage zu einem der hoch gelegenen Tümpel, die gerade an den seichten Stellen eisfrei geworden sind. Im Vergleich zu den meisten anderen Lurchen macht ihnen

Kälte wenig aus, weshalb sie die erste Gelegenheit nutzen, um einander zwischen Eisschollen näher zu kommen. Zwar tauchen sie in ein bis zu zwei Grad Celsius kaltes Wasser ein, den Frühlingsgefühlen tut das aber keinen Abbruch.

Grasfrösche können sehr besitzergreifend sein. Hat ein Männchen eine Partnerin gefunden, wird sie fest umklammert. Wobei es manchmal keinen Unterschied macht, ob sie schon einen anderen Liebhaber am Buckel hat. Alle Grasfrösche einer Gegend verfallen fast gleichzeitig auf die Idee, dass die Zeit zur Fortpflanzung gerade günstig sei. Manchmal laichen 90 Prozent einer Population innerhalb von zwei Tagen ab. Dadurch herrscht nicht nur ein ziemlicher An-

drang bei den Tümpeln, sondern auch erheblicher Konkurrenzkampf. Wer unter solchen Bedingungen einmal eine paarungsbereite Partnerin erwischt hat, lässt diese dann nicht mehr los. Das kann im blinden Eifer aber auch zu Irrtümern führen. Die Frösche machen sich dann über tote Fische her oder belästigen unschuldige Feuersalamander und Erdkröten.

Wie die Eiablage verläuft auch die Metamorphose der Grasfroschlarven einer Gegend ziemlich synchron. Alle fertigen Jungfrösche scheinen gleichzeitig das Wasser zu verlassen, am besten bei Regenwetter, damit die Umstellung nicht gleich gar so groß ist. In guten Jahren können einem da schon einige Tausend Frösche auf einmal begegnen – fast als hätte es sie

geregnet. Ein Gerücht, das sich bis in die jüngste Zeit halten konnte.

Ein anderes besagt, dass Auerhähne eingebildete Gockel seien. Das stimmt natürlich überhaupt nicht. Ehrlich, es bleibt ihnen nichts anderes übrig, als sich gleich im ersten Morgenlicht für Stunden in Pose zu werfen und mit heiserer Stimme verwünschungsähnliche Laute von sich zu geben. Ohne solche Selbstdarstellung würden sie ja von den Hühnern schlicht übersehen werden. Damit es ja nicht so weit kommt, beginnen die Auerhähne schon ab März mit den Aufwärmübungen für die aufregendste Zeit des Jahres. In den Bergwäldern, die sie bewohnen, liegt zu dieser Jahreszeit mitunter noch Schnee zwischen den Nadel-

Weder Schnee noch Eis können die Grasfrösche bei ihrer Paarung behindern. Wenn die ersten Krokusse blühen, durchqueren sie die schmelzenden Firnfelder, um zwischen Eisschollen abzulaichen. Das glitschige Gelee, das die Eier zu Ballen von bis zu 4000 Stück verklumpt, liefert zusätzliche Behaglichkeit im eisigen Wasser. Untertags erwärmt sich der Laichballen und kühlt nachts nur langsam wieder ab. Bis zu sieben Grad Temperaturvorteil kann auf diese Weise erzielt werden.

Vorhergehende Doppelseite: Bei der Paarung haben Grasfrösche im Frühling keine Zeit zu verlieren. Dass sie inmitten der Schneeflächen stärker auffallen als sonst, nehmen sie in Kauf. Aber sie sind ohnehin für die meisten Fressfeinde ungenießbar.

bäumen, wenn sich die Hähne erstmals auf einer kleinen Lichtung, der so genannten Balzarena, treffen.
Gleich nach dem Aufwachen geht es los. Noch am
Schlafbaum werden die ersten Posen eingenommen,
auf dass die anderen Hähne vor lauter Ehrfurcht
gleich wieder zur Ruhe gehen. Das tun sie natürlich
nicht und halten mit gerecktem Hals und gefächerten
Schwanzfedern dagegen. Nach einiger Zeit begeben
sich die Hähne hinunter auf den Balzplatz, wo jeder in
seiner Parzelle versucht, ein möglichst eindrucksvol-
les Schauspiel zu liefern. Die Feinheiten des Aus-
drucks können selbstverständlich nur von Balzhahn-
Genossen korrekt verstanden werden.

Von einer reinen Schönheitskonkurrenz unterscheidet sich die Auerhahnbalz durch die Lautäußerungen.
Zwar in maßvoller Lautstärke vorgetragen, sind die
klackenden und schleifenden Geräusche aber selbst
bei größtem Wohlwollen kaum als lieblich zu bezeich-
nen. Die Auerhennen sehen das naturgemäß anders.
Für sie hat die Darbietung sirenengleiche Anzie-
hungskraft − und Klappern gehört schließlich zum
Paarungsgeschäft. Abgesehen von seiner anmutigen
Selbstdarstellung tut ein Auerhahn aber wenig, um
die Hennen von seinen Absichten zu überzeugen.

Schwer zu sagen, ob Birkhähne von ihrer eigenen
Erscheinung weniger überwältigt sind. Zwar versuchen auch sie ihre körperlichen Vorzüge vorteilhaft in
Szene zu setzen, die Schwanzfedern aufzufächern,
flatternd zu springen, galante Verbeugungen vorzu-
nehmen und gleichfalls Geräusche von zweifelhaftem
Liebreiz von sich zu geben. Aber abgesehen davon
müssen sich die Birkhähne auch aktiv um die Gunst
der Hennen bemühen, sonst läuft gar nichts. Manche
bemühen sich so intensiv, dass sie sich mit mehreren
Hennen paaren.

Solche Sitten gibt es bei einigen anderen Mitgliedern
der Raufußhühner-Verwandtschaft nicht: Schneehühner sind meist monogam, zumindest für eine Brutsai-

*Nur im Trentino haben einzelne Alpenbären überlebt.
Sie sind zwar vorerst nur ein paar Dutzend, aber sie
sind dabei, sich dauerhaft in den Alpen anzusiedeln −
mit Unterstützung von Braunbären aus Südosteuropa.*

Sie sind zwar noch nicht allzu viele, dennoch können die Braunbären in eine erfreuliche Zukunft blicken: Ihr Lebensraum – ausgedehnte geschlossene Waldgebiete – wird in den Alpen immer größer.

son lang. Und sie rotten sich auch nicht in Balzarenen zusammen. Dafür zeigen sie etwas, womit es Hühner normalerweise nicht so haben: Flugkunststücke. Da die Territorien der Schneehähne mit rund zehn Hektar ziemlich groß sind, reicht bloßes Posieren oder Hüpfen nicht aus, um sich bei der Weibchenwelt der Gegend bemerkbar zu machen.

Die Hennen haben den Winter in Gruppen verbracht, beginnen aber ab April einzeln durch die Balzterritorien zu wandern. Dabei können sie die Flugshows der Hähne begutachten und ihre Wahl treffen. Kann sich eine Henne nicht sofort entscheiden, steuert sie das Gebiet des nächsten Hahns an, worauf der verschmähte Nachbar mit allen Tricks versucht, sie abzulenken und in sein Revier zurückzulotsen. Taucht aber eine Rivalin auf, werden die Schneehennen ihrerseits plötzlich sehr initiativ. Sie versuchen die Aufmerksamkeit des Hahns dadurch zu erhalten, indem sie so tun, als würden sie abfliegen – selbstverständlich in die entgegengesetzte Richtung, damit die Konkurrentin nicht dazwischenfunken kann.

Solche Spielchen müssen Wölfen völlig unbegreiflich sein. In ihrer Gesellschaft hat jeder seinen Platz, frisst erst, wenn er an der Reihe ist und pflanzt sich nur fort, wenn er aufgrund seiner Position die Berechtigung dazu hat. Und die hat im straff hierarchisch organisierten Rudelsystem nur der Chef. Wer das gerade im Moment sein soll, darüber kommt es natürlich immer wieder zu Auseinandersetzungen, aber dazu gibt es genug Gelegenheiten außerhalb der Paarungszeit. Wolfsrudel sind so organisiert, dass die Männchen von einem Alpha-Tier angeführt werden und unter den Wölfinnen ebenfalls eine Prinzipalin erkoren wird. Zwischen den Geschlechtern kommt es aber nie zu Rangauseinandersetzungen.

Die beiden dominanten Wölfe verfügen über eine Reihe von Vorrechten: bei der Jagd, bei der Aufteilung der Beute, beim Revieranspruch – und auch bei der Paarung. Wenn es irgendwann im März so weit ist, verdrücken sich Leitwolf und Alpha-Wölfin ohne Rudel-Begleitung für einige Tage in den Wald, um entsprechende Vorkehrungen zu treffen. Zuvor hat der Leitwolf sorgfältig darauf geachtet, dass sich kein Geschlechtsgenosse den Weibchen nähert, die dominante Wölfin verhindert gleichfalls alle Paarungsversuche der rangniedrigeren Weibchen. Wenn 60 Tage später die Welpen zur Welt kommen, sind sie in den meisten Fällen tatsächlich die Nachkommenschaft der beiden Alpha-Tiere.

Wie zum Trost täuschen die Hormone den anderen Weibchen ebenfalls eine Schwangerschaft vor, allerdings sind sie nur scheinträchtig. Doch das ist für Rudeltiere ökologisch äußerst sinnvoll. Besonders wenn sie sich wie Wölfe strikt reglementierten Paarungsprivilegien unterwerfen: Die scheinträchtigen Wölfinnen verfügen nämlich über alle Körperfunktionen einer echten Schwangerschaft und können dadurch als Ammen einspringen, wenn die biologische Mutter verhindert ist. Wölfe adoptieren auch ohne Umschweife die zugelaufenen Welpen eines fremden Rudels.

Strategisch setzen die hoch entwickelten Säugetiere auf Qualität statt Quantität. Die Zahl der Nachkommen ist für das Rudel verhältnismäßig gering, höchstens sechs oder sieben Junge umfasst ein Wurf. Dafür sorgt das Hormon Prolaktin, das auch bei den Menschen die Milchproduktion während der Stillzeit anregt. Bei den Wölfen wird Prolaktin aber sogar bei männlichen Tieren und Jugendlichen ausgeschüttet, wodurch sich ihr Verhalten ändert. Den Welpen wird so von wirklich allen Mitgliedern des Rudels besondere Fürsorge zuteil.

Soziale Unterstützung braucht die Leitwölfin auch für sich selbst. In den ersten drei Wochen muss sie viel Zeit im Bau bei den blinden, hilflosen Welpen verbringen, weil die Jungen noch Schwierigkeiten mit der Regelung der Körpertemperatur haben. Für die Ernährung der Mutter sind dann auch die anderen Rudelmitglieder zuständig, die die ausgezehrte Wölfin regelmäßig mit hervorgewürgten Fleischportionen füttern, und zwar so lange, bis die Welpen mit neun Wochen entwöhnt sind und feste Nahrung zu sich nehmen können.

Dass davon genug im Wald zu finden ist, verdanken die Wölfe einer passgenauen Synchronisation mit den

Junge Füchse spielen gerne – miteinander, aber auch mit speziellen Utensilien: Die Spielzeuge in Gestalt toter Maulwürfe oder Spitzmäuse werden bei allfälliger Übersiedlung sogar in den neuen Bau mitgenommen.

Rhythmen der Natur. Zu Ende des Winters sind Rehe und Gämsen von der kargen Kälteperiode geschwächt und geben eine leichte Beute ab. Während die Nachkommen im Uterus heranwachsen, ist der Bauch der Mutter auch immer ausreichend mit Kraftnahrung gefüllt. In den Wochen danach profitieren die Wölfe vom Startnachteil der großen Pflanzenfresser und erhöhen damit langfristig ihre Überlebenschancen.

Mit ähnlichen Herausforderungen haben auch die Uhus zu kämpfen. Nur braucht ihr Nachwuchs ganze 30 Wochen, bis er aus dem Ärgsten heraus ist. Wenn sie erst im Frühling die entsprechenden Gefühle entwickeln würden, hätten die kleinen Uhus kaum Zeit, den nötigen Entwicklungsstand zu erreichen, um durch den Winter zu kommen. Was tun? Als einfachste Lösung bietet sich an, die Balzvorbereitungen vorzuverlegen. Aber dann fallen womöglich kräfteraubende Werbungen in die kälteste Zeit des Jahres. Die Uhus riskieren es und hoffen, dass sich ausreichend Mäuse, Hasen oder Krähen im winterlichen Waldgürtel finden. Ob sie das geschafft haben, lässt sich im darauf folgenden Sommer ablesen. Wenn die Uhu-Küken bestens genährt in ihren Felsnestern sitzen, haben auch die Mäuse und Waldvögel einen guten Winter gehabt − zumindest die, die der Uhu nicht erwischt hat.

Als Antwort auf kurze Sommer und endlose, kräftezehrende Winter haben anspruchsvolle Säuger eine Geheimwaffe entwickelt. Bären und Baummarder

haben sie, aber auch Fledermäuse und Dachse. Der Trick mit der verzögerten Keimentwicklung ermöglicht es ihnen sogar, die kalte Jahreszeit zu verdösen − statt verzweifelt am Aufbau der Körperkräfte zu arbeiten, wenn das am denkbar schwierigsten ist.

Besonders verwirrend zeigt sich die Sache mit der verlängerten Tragzeit bei den Dachsen. Bei ihnen scheinen die Paarung und die Entwicklung der Jungen völ-

lig entkoppelt zu sein. Irgendwann paaren sie sich, dabei wird die Eizelle auftragsgemäß befruchtet – dann geschieht lange Zeit gar nichts. Abgesehen davon, dass die Weibchen in der Zwischenzeit erneut empfängnisbereit werden und sich wieder einige Male paaren, obwohl das natürlich wenig Erfolg versprechend ist. Bis heute ist es den Biologen nicht gelungen herauszufinden, wie die geheimniskrämerischen

Manche männliche Eulen neigen bisweilen zur Bigamie. Dann müssen sie ihre frisch gefangenen Wühlmäuse oder Singvögel bei zwei verschiedenen Nisthöhlen abliefern.

Links: Raufußkäuze jagen mit den Ohren. Raschelt eine Maus im Unterholz, kann sie der Kauz auf mehr als 20 Meter Entfernung ausmachen und genau anpeilen.

Dachse das mit der Fortpflanzung genau machen. Fest steht lediglich, dass sich die Keimzellen 45 Tage vor der Geburt in der Gebärmutter einnisten – und es kann durchaus sein, dass die Befruchtung bereits zehn Monate vorher stattgefunden hat. Weshalb die Weibchen aber dazwischen trotzdem mehrmals Eisprünge und Affären haben, darüber gibt es nur Vermutungen.

Mit dieser flexiblen Methode der Geburtenkontrolle können sich die Dachse gut auf unterschiedliche Umweltbedingungen einstellen. Temperatur und Tageslänge dürften dabei die maßgeblichen Taktgeber sein, um den optimalen Geburtszeitpunkt festzulegen. Mitunter wird dieser allerdings nie erreicht. Zum Bei-

Dachse haben die Geburtenkontrolle perfektioniert. Wann die Jungen geboren werden, hängt nicht vom Zeitpunkt der Paarung ab, sondern von den Umweltbedingungen.

spiel wenn in einer Murmeltierfamilie das Oberhaupt wechselt. In der Welt der Gebirge haben nämlich klare Verhältnisse zu herrschen. Jeder Murmeltier-Clan wird von einem dominanten Männchen angeführt. Nachwuchs produziert dieser Anführer bevorzugt mit einer auserwählten Geschlechtspartnerin, die dadurch unter den anderen Weibchen eine Art Monopolstellung einnimmt.

Dafür hat sie aber auch Verantwortung zu tragen. Fortpflanzung ist besonders unter Hochgebirgsbedingungen eine hohe biologische Investition. Wenn absehbar ist, dass sie verloren gehen könnte, fällt der Nachwuchs für dieses Jahr aus. Was bei allzu mageren Fettreserven nach dem Winterschlaf geschieht, folgt auch einem unvorhersehbaren Zwischenfall im Sozialgefüge. Übernimmt ein neues Männchen das Kommando in einem Clan, bricht das Weibchen seine bestehende Schwangerschaft ab. Dafür sorgen stark abfallende Konzentrationen des Hormons Progesteron. Mit Hilfe der Körperchemie entledigt es sich der Nachkommenschaft des Verflossenen. Wahrscheinlich kommt das Weibchen damit nur dem neuen dominanten Männchen zuvor. Sobald dieses Gelegenheit dazu hat, tötet es nämlich die Jungen des Vorgängers. Sie unter Entbehrungen auszutragen hätte daher wenig Sinn.

Verläuft das Familienleben normal, kommen die kleinen Murmeltiere Ende Mai oder Anfang Juni zur Welt. Bis sie das Licht der Welt erblicken, wird aber noch einige Zeit vergehen. Mit 40 Tagen verlassen sie das

erste Mal den unterirdischen Bau. Pfeifen können sie zu diesem Zeitpunkt zwar noch nicht besonders gut, aber sie müssen schnell lernen, die Alarmsignale richtig zu interpretieren. Entdeckt eines der Murmeltiere einen anfliegenden Steinadler, stößt es einen schrillen Pfiff aus, was sofortiges Untertauchen angebracht erscheinen lässt. Eine Pfiffreihe hingegen erzeugt noch keine Panik, sondern nur erhöhte Aufmerksamkeit – und weitere Pfiffserien. Wenn zum Beispiel ein Fuchs in Sichtweite kommt, setzt es ein ordentliches Pfeifkonzert. Das teilt dem Räuber mit, dass er an einen Jagdausflug erst gar nicht zu denken braucht. Wenn der Fuchs ohne Mahlzeit zu seinem Bau zurückkommt, dürfte das die Nachbarn freuen. Weniger aus Bosheit als durch ein ausgeprägtes Hygienebedürfnis: Dachse schätzen es nämlich gar nicht, wenn die

Auerhühner bewohnen die Nadelwälder der Alpen bis auf 1700 Meter Höhe. Mit einem ausgefeilten Balz-Zeremoniell versuchen die Hähne im Frühling Eindruck bei den Hennen zu schinden.

Füchse ihre Essensreste überall herumliegen lassen, wenn sie, wie gar nicht selten, dasselbe System von Bauen bewohnen. Bei der Ausgestaltung dieser Baue sind Dachse sehr pedantisch. Alles, was vor der Wohnung herumliegt, wird gewissenhaft beseitigt. Beim Großputz zweimal im Jahr tauschen sie sogar das gesamte Einstreumaterial aus. Außerdem bewahren sie keine leicht verderblichen Vorräte zu Hause auf und gehen bei den sanitären Anlagen noch einen Schritt weiter als die ebenfalls recht reinlichen Murmeltiere. Eigentlich gehen sie sogar ein paar Schritte weiter – die Dachs-Latrinen befinden sich außerhalb

Die Wölfe fassen langsam in den Alpen wieder Fuß. Die Bedingungen dafür sind so günstig wie schon lange nicht: mehr Wald, mehr Wild, weniger menschliche Siedlungen als vor 200 Jahren.

müssen die Dachse 40 Tonnen Erde umgearbeitet haben. Allen, die weniger fürs Bauwesen begabt sind, muss die Natur mit anderen Mitteln Schlupfwinkel und Kinderstuben zur Verfügung stellen.

Ein ökologisch intakter Bergwald ist in dieser Hinsicht ein perfektes Wohngebiet. Viele uralte Bäume, reichlich morsche und abgestorbene Holzbestände – ein Albtraum für jeden Förster, aber ein Paradies für die Vogelwelt. Hier fallen jahrhundertealte Baumriesen nicht durch die Motorsäge, sondern aus Altersschwäche. Davon profitieren viele gefiederte Bewohner. Habichte können davon ausgehen, dass ihnen der angestammte Baum samt Horst nicht unter dem Hinterteil weggefällt wird. Spechte hacken Höhlen ins Altholz, später können Eulen als Nachmieter einziehen. Für den Raufußkauz erledigen solche Vorarbeiten die Schwarzspechte, die praktischerweise gleich mehrere Wohnsitze in die Stämme bohren: Schlafhöhlen und Bruthöhlen. Außerdem begegnen die Spechte einander eher ungern, sogar innerhalb der eigenen Familie. Wenn das Männchen mit Nahrungsnachschub zur Bruthöhle zurückkommt, klopft es unwirsch an, damit das Weibchen sich rechtzeitig verdrückt und man nicht am Loch aufeinander trifft. Der starke Bedarf an Einzelhaushalten fördert die Bautätigkeit zusätzlich – zum Nutzen der Raufußkäuze.

Die Eulen suchen immer nur eine Partnerin für eine Brut. Mitunter finden sich aber zwei, was für männliche Raufußkäuze kein weiteres Problem darstellt. Beschränkt sich doch ihre Beteiligung am Brutgeschäft ohnehin auf ein bisschen Zustellservice von kleinen Wühlmaus-Spezialitäten und Singvogel-Häppchen. Hilfreich bei dieser Form der Vielweiberei ist auch, dass Raufußkäuze untereinander einigermaßen verträglich sind und bei Bedarf in ihren Territorialansprüchen eng zusammenrücken – was ihnen ermöglicht, einen lokalen Überfluss von Beutetieren zu bestimmten Jahreszeiten optimal auszunützen.

des Baues im Freien. Keinen Aufwand scheuen die gestreiften Marder-Verwandten bei der Perfektionierung ihrer wohnlichen Tunnel, Kessel und Verbindungsgänge. Manchmal wird daraus eine „ewige Stadt" unter der Erde; es wurden bereits Bausysteme gefunden, die 12.000 Jahre alt waren. In dieser Zeit

Bei den Wölfen sind alle Aufgaben und Privilegien streng hierarchisch aufgeteilt. Mit einer Ausnahme: Um den Nachwuchs müssen sich alle Mitglieder des Rudels kümmern. Im Alter von wenigen Wochen wären die tollpatschigen Jungen noch keine große Hilfe bei der Jagd. Deshalb warten sie an einem versteckten Versammlungsort im Wald, bis die Erwachsenen von ihrem Beutezug zurückkehren. Wenn sie den fleischigen Fang gleich mitbringen, ist das kein gutes Zeichen: Dann dürfte die Mahlzeit eher karg ausfallen. Werden die Jungen aber zum Schauplatz des Risses geleitet, müssten alle satt werden. Wenn die Erwachsenen die erlegte Beute nicht mehr schleppen können, handelt es sich sicher um einen größeren Brocken.

Bigamie der schnöden Sättigung wegen – undenkbar für ein Steinadler-Pärchen: Haben sich die beiden in ihren riesigen Territorien endlich einmal gefunden, bleiben sie auch ein Leben lang zusammen. Dadurch entfallen ausgefallene Balz-Schauspiele. Lediglich durch spezielle Laute kündigt das Männchen die Paarungsbereitschaft an.

Entspannte Nachbarschaftsbeziehungen kann man nicht von allen Mitgliedern der Eulen-Sippschaft erwarten, am allerwenigsten von den Sperlingskäuzen. Diese kleinen, extrem geschickten Vogelräuber ertragen nicht einmal die Gesellschaft der eigenen Nachkommen, vor allem wenn diese im Herbst bereits ein gewisses Alter überschritten haben. Dann lassen die Käuze Rufe vernehmen, die an längst vergangene Jahreszeiten gemahnen. Einst im März haben sie ihre Strophen erklingen lassen, um das andere Geschlecht zu bezirzen oder das eigene auf Distanz zu halten. War das Bemühen von Erfolg gekrönt, haben sie die Brut dieses Jahres in einer alten Dreizehenspecht-Höhle aufgezogen. Kein halbes Jahr später sind die Jungen flügge – und Anlass zu erneuten Gesangsdar-

bietungen. Im Zug der Herbstbalz wird dem Nachwuchs unmissverständlich klargemacht, dass es Zeit ist, das Revier zu verlassen. Die tutende Rufreihe, wenige Monate zuvor eher einladend gemeint, soll dann den Jungen Flügel machen.

Im Herbst wird es auch für die Steinadler eng. Die Jungen sind so weit gehegt, dass sie auf eigenen Schwingen durchs Leben gleiten können. Nach dem Sommer versuchen alle noch die kurze Zeitspanne auszunützen, bevor sich die Murmeltiere endgültig ins Souterrain zurückziehen. Alpenschneehühner sind in den allermeisten Fällen zu geschickt, um sich so ohne weiteres fangen zu lassen. Für die folgenden Monate bleibt den Adlern nur zu hoffen, dass irgendwo eine Gämse abstürzt oder in eine Lawine gerät.

Bei solchen Aussichten schwindet die Solidarität selbst innerhalb der Familie. Jetzt vor dem Winter wird der Nachwuchs plötzlich zur Konkurrenz, und die Eltern vertreiben die Jungen aus ihrem Territorium. Steinadler beanspruchen ein bis zu 200 Quadratkilometer großes Revier, die Jungvögel werden sich nach Jahren der Wanderschaft in einem anderen Teil der Alpen niederlassen müssen. Die Frage ist nur, wo. Denn mittlerweile haben sich die Bestände so weit erholt, dass junge Neuzugänge kaum noch Platz im Reich des Steinadlers finden. Nur wenn ein Territorium den Besitzer verliert, können junge Adler nachrücken.

Wolfshunger ist sprichwörtlich: Die Tiere können niemals wissen, wann sie das nächste Beutetier erlegen werden. Deshalb fressen sie vorsichtshalber so viel sie können.

Folgende Seite: Ein hungriger, junger Steinadler wartet im Horst auf die Rückkehr seiner Eltern, die hoffentlich Beute gemacht haben.

XI | Vielfalt von Menschenhand

Vielfalt von Menschenhand

Zuerst die schlechte Nachricht: Viel Zerstörung haben die Menschen in die Natur der Alpen gebracht, rücksichtslos wurden Arten verfolgt, andere achtlos verdrängt. Die Bewirtschaftung hinterließ eine Spur der Verwüstung in der Waldvegetation. Bereits im Mittelalter hatte sich die Waldgrenze fast überall um mindestens 200 Meter gesenkt, an einigen Stellen hatte

sie sich ganz aufgelöst. Zwischen dem 11. und 14. Jahrhundert war die Hälfte der Waldflächen gerodet worden, um zusätzliche Nutzflächen und größere Viehweiden zu gewinnen. Die Auswirkungen ließen nicht lange auf sich warten: Ohne Halt durch dichtes Wurzelwerk kamen die Hänge ins Rutschen. Lange bevor das Phänomen Geländeerosion genannt wurde, schlug

die Natur mit Muren, Lawinen und Steinschlag zurück. Man stellte die Naturgewalten als Monster dar, vermutete in ihnen göttliche Vergeltung. Manche verstanden aber die Botschaft richtig – seit dem 14. Jahrhundert werden Bannwälder angelegt.
Die gute Nachricht: Die Menschen brachten mit ihren Kulturlandschaften neue Lebensräume für Wildtiere

Auf den steilen Hängen, wo keine Weidewirtschaft möglich ist, dienen die Bergmähder als Heulieferanten für den Winter. Doch die bunten Wiesen sind mehr als Grünfutter – sie sind Juwele der Artenvielfalt. Auf manchen Bergwiesen leben mehr als 700 verschiedene Schmetterlingsarten. Manche dieser farbenfrohen Rasenflächen brauchen den Vergleich mit einem Korallenriff nicht zu scheuen.

Vorhergehende Doppelseite: Der menschliche Einfluss hat die Natur der Alpen nachhaltig verändert. Viel wurde zerstört, aber in manchen Fällen haben die Menschen kleine Naturparadiese geschaffen. Meistens allerdings, ohne es zu wollen.

in die Alpen, wenn auch ohne Absicht. Hauptsächliche Nutznießer, und das durchaus im menschlichen Sinn, waren Tavetscherschafe, Tuxerrinder oder Tauernscheckenziegen; den Pflug zogen bullige Haflinger- und robuste Noriker-Pferde. Aber neben den Haustieren profitierten auch andere, wildere Lebensformen von den weitläufigen offenen Landschaften im Flickwerk der Alpenvegetation.

Natürlich waren es zunächst die klassischen Kulturfolger, die Landwirtschaft, Industrie und Handel in die Alpen folgten: Für eine Feldmaus oder einen Feldhasen machte es keinen Unterschied, ob sich der heimatliche Acker zu Füßen des Ödenburger Gebirges oder im Schatten der Schladminger Tauern befand. Wer große Grasflächen und eher Lichtungen als den Wald bevorzugte, fand ebenfalls in der inneralpinen Kulturlandschaft neue Verbreitungsgebiete. Ehemals eingeschworene Flachlandbewohner wie die Stare, Maulwürfe oder Igel gehören seit dem Mittelalter zur alpinen Standardbelegschaft.

Nachdem der Waldgürtel ein paar Hundert Meter gestutzt worden war, erschlossen sich für die Bewoh-

Die Schafe gehen mit der Jahreszeit: Je wärmer es wird, desto höher werden sie hinauf getrieben. Auf dem Weg zu den saftigsten Weiden müssen sie in manchen Gebieten schneebedeckte Pässe überqueren.

ner der Baumgrenzen und alpinen Grasheiden tiefere Lagen. An den neu geschaffenen Standorten traten zahlreiche Pflanzenarten zueinander in Konkurrenz – je nach lokalen Bedingungen eher auf sumpfiges Terrain, Fels und Schutt oder Waldränder spezialisiert. Mit einigen Umwelteinflüssen mussten sich aber die meisten arrangieren: hungrigen Mäulern, die mit großer Gründlichkeit so ziemlich alles Pflanzliche abrupften, und trampelnden Hufen, die zarteren Wuchsformen wenig Überlebenschance gaben. Hier können vor allem zähe und regenerationsstarke Gewächse bestehen, besonders wenn sie sich wie Wacholder, Kratzdisteln und Heidelbeeren durch Gifte, Bitterstoffe und Stacheln ungenießbar machen.

Auch mancher Grauerle mit ihrem giftigen Laub rettete über Geschmack das Leben. Die Viehbauern trieben früher nämlich ihre Tiere im Winter in den Wald, damit diese an den jungen Baumtrieben fressen konnten. Fichten oder Kiefern machte das weniger aus – ihre Triebe sind nur wenige Wochen ohne Harzüberzug und damit meistens ungenießbar. Aber junge Weißtannen bilden nur an der Spitze neue Triebe und sind dadurch verwundbarer. Als Folge wären Weißtannen heute ein rarer Anblick in den Alpen, hätte man sie später nicht wieder aufgeforstet.

Weniger selektiv zeigten sich die Bedingungen überall, wo die Hänge zu steil waren, um Schafe oder Kühe darauf herumklettern zu lassen. Hier kommt nur alle zwei Jahre im Herbst die Sense zum Einsatz, um Kräuter und Gräser kürzer zu machen. Was zu diesem Zeitpunkt wenig ausmacht, aber Viehfutter für den Winter bedeutet. Die Bergmähder kommen der Idealvorstellung von Landwirtschaft im Einklang mit der Natur schon sehr nahe. Was ökologisch verträglich ist, muss natürlich auch anstrengend sein. Nicht genug, dass das Gras auf extrem steilen Hanglagen mit der Hand geschnitten wird. Die wirkliche Fron bestand darin, die doch recht erheblichen Erntemengen ins Tal zu befördern, egal, wie man das Heu drehte und wendete – ob man das gleich im Herbst mit abenteuerlichen Transportmitteln erledigte oder im Winter die rutschige Schneeunterlage nutzte, aber dafür mit Lawinengefahr rechnen musste.

Ökologisch betrachtet übernehmen die Menschen eigentlich nur die Aufgabe, die Wiesen frei von störendem Buschwerk zu halten. Dazu reicht, die Bergmähder hin und wieder mit der Sense zu bearbeiten. Den Rest der Zeit dienen sie nur als saftiges Grünfutter für vorbeikommende Gämsen und als prächtig blühender Lebensraum für Insekten und Schmetterlinge. Farbenpracht und Artenvielfalt brauchen den Vergleich mit einem Korallenriff nicht zu scheuen. In einem solchen Urwald in Miniaturformat können bis zu 140 Arten von Blütenpflanzen und Gräsern gedeihen – an solchen Stellen kann man durchaus 700 verschiedene Schmetterlingsarten zählen.

Weidetiere sorgten aber nicht nur durch ihre Abwesenheit für Inseln der Artenvielfalt. Treffen einige glückliche Umstände aufeinander, kann der Verbiss

Die Viehwirtschaft hat viele der klassischen Alpenlandschaften geschaffen. Doch wenn die Herden der Pflanzenfresser ausbleiben, wird der Wald wieder weite Flächen zurückerobern.

von Schafen ein Paradies in Bodennähe schaffen. Voraussetzungen sind Südlage, trockenes Milieu und ein steiler Einfallswinkel der Sonnenstrahlen: Auf wenigen Quadratkilometern kann ein solcher Trockenrasen mehr als 1000 Schmetterlingsarten beherbergen.

Nicht nur temperaturempfindliche Tieflandbewohner konnten dank der menschlichen Kultur in höhere Lagen vordringen. Auch für Tiere von weiter oben boten sich zusätzliche Möglichkeiten zur Besiedelung. Die Rodungen mit Axt und Fackel verschafften Murmeltieren, Birkhühnern oder Wasserpiepern Neuland entlang der sinkenden Baumgrenze. Auch Schnee-

Heumachen ist Schwerstarbeit: Auf den steilen Wiesen muss mit Sensen gemäht werden, vom Transport der Ballen ins Tal ganz zu schweigen. Kaum verwunderlich, dass diese Form der Landwirtschaft selten geworden ist.

hasen sind seit dem Mittelalter so tief in die Täler vorgedrungen wie nie zuvor – ganz zu schweigen von den Arten, die der Mensch mit Absicht in der Bergwelt angesiedelt hat.

Ein bisschen Unterstützung durch die Launen der Natur war aber oft auch dabei. Immerhin war es die Eiszeit, die die Seesaiblinge aus der Arktis in die großen Seen des nördlichen Alpenrandes verschlagen hat. Von dort wanderten sie aber weiter, und zwar aus zutiefst menschlichen Gründen: Der Saibling wird seit Jahrhunderten als vorzüglicher Speisefisch geschätzt – und die Hochalpen boten mit ihren Tausenden Seen ausreichend Platz zur Fischzucht. Bereits im Mittelalter begann man, Saiblinge in den Hochgebirgsseen auszusetzen. Dank ihrer biologischen Ausstattung aus der Arktis kamen die Saiblinge in den kalten Alpenseen auch hervorragend zurecht.

Ein Problem allerdings erwies sich als unlösbar: Die kalten Wasser auf Hochplateaus und in Karen stammten allesamt aus geschmolzenen Gletschern oder Firnflächen, wodurch die biologische Basisausstattung an

Zehn Kilo Käse entstehen aus 100 Kilogramm Milch, wenn man sie sorgfältig erhitzt, salzt, lagert und alle zwei Tage wendet – enormer Aufwand für einen unvergleichlichen Geschmack.

Kleinorganismen nicht besonders üppig war. Unter den frostigen Bedingungen änderte sich daran auch wenig, weshalb die Hochgebirgsseen grundsätzlich extrem arm an Nährstoffen sind. Innerhalb kürzester Zeit verspeisten die Saiblinge alle größeren Wasserflöhe und Ruderfußkrebse. Übrig bleiben nur winzige Rädertierchen und Algen. Die Saiblinge waren auf Dauerdiät gesetzt und passten sich – auch optisch – ihren neuen Ernährungsgewohnheiten an: Sie wurden immer kleiner. In manchen Seen allerdings besinnen sich immer wieder einzelne Exemplare ihrer ehemaligen Größe und stellen als so genannte Wildfangsaiblinge auch ihre Ernährungsgewohnheiten um. Hauptnahrung sind dann die kümmerlichen Artgenossen.

Anpassungsfähig zeigten sich viele animalische Alpenbewohner angesichts der menschlichen Neuankömmlinge. Die Alpendohlen haben sogar ihre Lebensgewohnheiten während des Winters völlig an die Begleiterscheinungen der Zivilisation angepasst. Die Nächte verbringen sie wie seit Urzeiten in ihren windgeschützten Felshöhlen auf 2000 bis 3000 Meter Höhe. Frühmorgens machen sie sich aber vielerorts

auf, um in Scharen im Tal nach Fressbarem zu suchen. Besonders beliebt ist dabei frischer Hausmüll, aus dem sich viel Verwertbares holen lässt. Dem Raum Zermatt haben sie deshalb den Rücken gekehrt, nachdem dort die Müllverbrennung eingeführt wurde. Haben sie einige Stunden erfolgreich nach Nahrungsabfällen gesucht, geht es wieder hinauf in die Gipfelregion. Allerdings oft nicht, ohne beim einen oder anderen Bergrestaurant einzukehren, wo Mülltonnen oder freigebige Wintersportler das Abendessen bereithalten.

Der höchste Brutnachweis von Alpendohlen stammt in der Schweiz vom Klein-Matterhorn – und zwar von der Bergstation der Seilbahn. Aber auch Schneefinken

Viele typische Bewohner der Alpen wurden von den Menschen mit Sagen und Legenden geschmückt. Auch wenn sie das gar nicht nötig hätten – wie der prächtige Türkenbund. Im Mittelalter versuchten Alchemisten sogar, mit der Zwiebel des Liliengewächses Blei in Gold zu verwandeln. Zum Glück gelang das nicht, weshalb die turbanähnlichen Blüten bis heute ein erfreulich häufiger Anblick geblieben sind. Man findet sie oft auf Bergwiesen, aber auch in Wäldern, die eine üppige Krautschicht anbieten können.

Folgende Seite: Nur jeder zwanzigste Raubzug des Steinadlers ist auch erfolgreich. Wenn er endlich fette Beute erwischt hat, langt er ordentlich zu. Dass er den Hals kaum vollbekommen kann, ist sogar von außen zu sehen – am prall gefüllten Kropf.

profitieren von der touristischen Erschließung: Hütten und Liftmasten bieten nicht nur mikroklimatisch günstige Brutstellen oder Schlafplätze. Sie können auch ihre Energiebilanz durch die Mitbenutzung touristischer Anlagen aufbessern. Schließlich ist es vom nächsten Schilift oft weniger weit zu den schmelzenden Schneerändern und ihren schmackhaften Insektenlarven als von den Nistspalten weit oben in der entlegenen Gipfelregion.

Überhaupt scheinen Bauwerke hervorragend geeignet, den Bedürfnissen von Alpentieren zu entsprechen. In der Nähe von Hütten und Stadeln ist es in der Regel wärmer als draußen in der rauen Wildnis, außerdem macht man manchen fressbaren Zufallsfund. Nordfledermäuse oder Braune Langohren verstecken sich während des Tages gerne hinter Fensterläden und Wandverkleidungen von Almhütten, am Dachboden sowieso – dort lässt es sich auch vortrefflich überwintern. Ritzen, Luken und warme Winkel locken sogar die extrem heimliche Alpenspitzmaus in menschliche Nähe. Schneemäuse kriechen ebenfalls gerne in Almhütten und Stadeln unter, obwohl sie es unter der dicken Schneedecke auch recht warm und geschützt haben.

Ob als Aussichtswarte, Rastplatz oder Unterschlupf, auch Zäune werden intensiv genutzt. Besonders dann, wenn diese nicht nur aus dürrem Draht bestehen, sondern aus unregelmäßigen Steinhaufen oder einem dichten Gewirr von Stangen. Bachstelzen und Steinmätzer bauen im Gemäuer gerne ihre Nester. Reptilien schätzen die thermischen Eigenschaften von Stein, weshalb sie die Mauern als Platz zum Aufheizen benutzen. Bergeidechsen wärmen sich gern am Grenzzaun aus Natursteinbrocken. Kreuzottern wärmen sich dort ebenfalls gerne, aber noch lieber fressen sie die Eidechsen, die in dieser Gegend besonders häufig anzutreffen sind und eine willkommene Abwechslung zu der üblichen Nahrung aus Schneemäusen bilden.

Ohne die geringste Absicht haben die Menschen mit ihren traditionellen Lebensformen das richtige Maß gefunden – zwischen Veränderung und Bewahrung, zwischen Kultur und Natur. Als Ergebnis ist in den Alpen die Artenvielfalt insgesamt höher als vor tausend Jahren, bevor das Gebirge weiträumig besiedelt und im großen Stil nutzbar gemacht wurde. Aber wirtschaftlich sind diese Formen der Bewirtschaftung längst nicht mehr. Beschauliche Schafzucht oder mühevolle Heugewinnung im Steilhang dienen allenfalls als landschaftspflegerische Maßnahme. Aber wenn die Trockenrasen nicht mehr abgeweidet, Bergwiesen nicht mehr geschnitten werden, könnte der unverhoffte Artenreichtum in einigen Jahrzehnten wieder verschwunden sein.

XII | Rückkehr der Räuber

Rückkehr der Räuber

Sich in den Alpen herumzutreiben, geschweige denn sich niederzulassen ist für zivilisierte Menschen undenkbar. Leben doch dort nur rabiate Hinterwäldler, dumpf, rau und von unbedeutender geistiger Kultur. So wurde das zumindest im Römischen Imperium gesehen, wo man die schrecklichen Berge unheilschwanger „montes horribilis" hieß und sich, frei nach Livius, angewidert von der „Scheußlichkeit der Alpen" abwandte. In der antiken Vorstellungswelt geriet das Kettengebirge nicht nur zum Niemandsland an der Grenze zu den Barbaren weiter nördlich. Auch

ihre Dimension wurde ins Zerrbild überhöht: Gaius Plinius der Ältere schätzte in seiner „Naturalis Historia", dass mancher Alpengipfel umgerechnet 70.000 Meter emporragen müsste.

Dabei waren schon vor der letzten Eiszeit die ersten Menschen in die Alpen gekommen. Die sinkenden Temperaturen vertrieben aber die Neandertaler wieder aus ihren Höhlen, die sie an vielen Stellen des Alpenraums bewohnt hatten. Sie wären spurlos verschwunden, wenn sie nicht unbrauchbar gewordenen Hausrat und ausrangierte Jagdwaffen in diversen

Am 1. September 1904 wurde der letzte Schweizer Braunbär im Unterengadin erlegt. Genau in der Gegend, in der nur zehn Jahre später der erste Nationalpark der Alpen entstehen sollte.

Vorhergehende Doppelseite: Der Braunbär kehrt in die Alpen zurück − und neben ihm viele große Säugetiere mit räuberischer Lebensweise, die in vergangenen Jahrhunderten aus dem Alpenraum vertrieben wurden. Manche brauchen für ihre Rückkehr einfach nur ungestörte Entwicklungsmöglichkeiten. Andere bedürfen aktiver Unterstützung durch die Menschen.

Höhlen liegen gelassen hätten. Erst vor 8000 Jahren ließ das Klima wieder zu, dass man sich für einen ganzjährigen Aufenthalt im inneralpinen Raum erwärmen konnte.

In der Zwischenzeit hatte auch die Entwicklung des Homo sapiens einen erheblichen Sprung nach vorne gemacht: Es waren keine Höhlenmenschen mehr, die Pfahlbauten zum Schutz vor Wildtieren und Überschwemmungen errichteten, bevorzugt in guten Lagen mit Blick auf das Wasser – im Tessin, am Mondsee, in Hallstatt und in Kärnten. Auch die Lebens-

weise hatte sich verändert. Statt Höhlenbären zu jagen und Wurzeln zu sammeln, züchtete man Vieh und bestellte Äcker. Die neolithische Revolution brachte die Menschen in ein scharfes Konkurrenzverhältnis zu Wölfen, Bären oder Luchsen. Doch es waren die Menschen selbst, die Wölfe und Bären zur Landplage machten – indem sie systematisch den Lebensraum der großen Räuber zerstörten. Seit sich vor etwa 4000 Jahren die Technik der Metallverarbeitung auch in den Alpen herumgesprochen hatte, wurde die Gebirgslandschaft im großen Stil umgestaltet. Ob

Bronze, Eisen, Salz, später Glas – die meisten Formen der Rohstoffverarbeitung verbrauchten gigantische Mengen an Holzkohle, es mussten Minenschächte gepölzt, Schmelzöfen befeuert, Behausungen errichtet werden. In der gesamten alpinen Kultur, von den Werkzeugen bis zur Architektur, wird ein unglaublicher Überfluss an Holz sichtbar. Die Reserven schienen unendlich.

Aber in Wahrheit hatte man das natürliche Gleichgewicht bereits ordentlich ins Wanken gebracht. Mit den schrumpfenden Waldgebieten machten sich vielerorts auch die angestammten Beutetiere von Wolf, Luchs oder Bär zunehmend rar. Stattdessen tauchte auf einmal immer mehr Weidevieh auf, gut genährt und nicht besonders schnell zu Fuß. Welcher Wolf hätte da widerstehen können, sich schadlos zu halten?

Der Almwirtschaft zum entscheidenden Durchbruch verhalf die Völkerwanderung im 6. Jahrhundert. In zuvor undenkbarem Ausmaß wurde besiedelt, gebaut, geschlägert, brandgerodet. Bis zum Ende des Mittelalters hatte der Mensch das Antlitz der Alpen völlig verändert, Abermillionen Festmeter Holz verheizt und den Almgürtel um bis zu 400 Höhenmeter verbreitert.

Unten: Als Kindesentführer und Lämmerdieb verleumdet, bis zur Ausrottung gejagt: Der wahrscheinlich letzte Bartgeier wurde 1913 im Aostatal erlegt. Mittlerweile konnte man die harmlosen Aasfresser wieder ansiedeln.

Rechts: Der Bart des Geiers besteht aus borstigen Federn, deren genaue Bedeutung bis heute ungeklärt ist. Wahrscheinlich erfassen die Bartgeier damit die Strömungsgeschwindigkeit der Luft und erhalten Informationen über die thermischen Verhältnisse. Was sie für ihre hohe Kunst des Gleitflugs auch gut gebrauchen können.

Jetzt war vor allem der Wolf zu einem lästigen Konkurrenten um den Zugang zu biologischen Ressourcen geworden. Und wenn es darum geht, waren die Menschen noch nie zimperlich: Aufgespürt und gehetzt von ihren Hunde-Verwandten, wurden die Wölfe mit Spieß und Prügel erledigt, wo immer man sie stellen konnte. Ganz so leicht ließen sich die Wölfe aber auch nicht erwischen, wodurch im geistigen Klima des Mittelalters haarsträubende Phantasien gediehen. Zusätzlich befeuert wurden die mystischen Räubergeschichten durch die Lebensgewohnheiten der vierbeinigen Rivalen. Sie waren während der Nacht aktiv, gaben weithin vernehmbar unheimliche Geräusche von sich und verschmähten auch Aas nicht. Was im seuchengeplagten und kriegsgeschüttelten Mittelalter klarerweise auch menschliche Kadaver einschloss.

Der Wolf wurde vom Gegner zum Hassobjekt, zur Inkarnation des Bösen – die katholische Kirche lieferte die Interpretationshilfe zum Ressentiment: Dieses Tier musste des Teufels sein. Dadurch eignete es sich hervorragend, um gegen missliebige Zeitgenossen als angebliche Werwölfe vorzugehen. Schon als die Neuzeit längst heraufgedämmert war, blieb es lebensgefährlich, mit Wölfen in Verbindung gebracht zu werden. Noch im 17. Jahrhundert wurde munter weiter

prozessiert und hingerichtet, mit Schwergewicht in den Alpenländern. Die Anklage: Der Beschuldigte sollte sich als „Wolfsbanner", als eine Bestie mit dämonischen Mitteln, dienstbar gemacht haben. Mittlerweile hatte die klassische Geschichte von der nächtlichen Verwandlung in einen Werwolf etwas an Glaubwürdigkeit eingebüßt. Der Mythos vom Wolfsbanner stellte etwas geringere Anforderungen an die Gottesfurcht der Schäfchen.

Selbst die frühe Naturwissenschaft schaffte es nicht, den Wolf zu rehabilitieren. Der Schweizer Universalgelehrte Konrad Geßner schrieb Mitte des 16. Jahrhunderts eine mehrbändige Enzyklopädie des Tierlebens – eine einzigartige Pionierleistung, auch wenn sich darin noch Geschöpfe wie der „Gehörnte Has" fanden. Am Wolf ließ Geßner kein gutes Haar: Er sei ein „räubig, schädlich, fresig thier", das „gar nah von allen anderen gehasset und geflohen" werde. Im Vergleich zum blinden Wolfshass ringsum wird aber das Bemühen um wissenschaftliche Sachlichkeit bemerk-

Ein junger Bartgeier wird in einem verschwiegenen Tal in die Freiheit entlassen – wie bereits fast hundert Junggeier vor ihm. Ob er es schaffen wird, aus eigener Kraft zu überleben, ist allerdings fraglich.

bar: Immerhin „helffen die Wolffszän den monsüchtigen menschen" und sein Blut verringere „das grimmen im bauch". Zumindest im erlegten Zustand war der Wolf also doch zu etwas nütze.

Medizinische Missverständnisse wurden zahlreichen Alpentieren zum Verhängnis. Murmeltiere leben in Gebieten mit tiefen Temperaturen und noch dazu im feuchten Souterrain – also musste ihr Fett hervorragend gegen rheumatische Beschwerden wirken. Es wurde aber auch gegen Gicht, Lungentuberkulose, Hodenbrüche und Kropf verabreicht, bei Magengeschwüren sollte man zerlassenes Murmeltierschmalz trinken. Auch wenn die Patienten bei solchen Behandlungsmethoden nicht zu beneiden waren, die Murmeltiere traf es schlimmer. Man grub sie bevorzugt im Spätherbst aus ihren Winterschlaf-Höhlen – und das in großer Zahl Jahrhunderte hindurch. Als Folge waren die Murmeltiere Ende des 18. Jahrhunderts in vielen Gegenden der Alpen ausgerottet. Das Salzburger Erzbistum sah sich sogar bereits im Jahr 1703 genötigt, ein totales Fangverbot auszusprechen.

Wie sich mittlerweile herausgestellt hat, lagen die volkstümlichen Heilkundler gar nicht so falsch. Murmeltierfett enthält Cortisonverbindungen, die entzündungshemmend wirken. Aber selten erwies sich die Verfolgung von Wildtieren im Nachhinein als medizinisch sinnvoll. Steinböcke wurden ebenso rücksichtslos gejagt, im Mittelalter stellten ihnen die Bauern mit Lanzen nach, ab dem 18. Jahrhundert galt es für Adelige als standesgemäße Lustbarkeit, die edlen Hornträger mit der Flinte abzuknallen. Für die lokale Bevölkerung galten die Steinböcke seit jeher als Geschöpfe der Kraft, die auf umstürmten Steilhängen

der Witterung trotzten und die höchsten Zinnen bezwangen. Deshalb sprach der Volksglaube diversen ihrer Organe heilende Kräfte zu. Ihr Blut sollte Blasensteine wegzaubern, ihr Horn als Schmuck überhaupt jegliche Unbill vom Träger fern halten. Sogar in den Kothaufen stocherten die Naturheilkundler und verabreichten den Mist gegen Tuberkulose oder Zipperlein (Gicht). Den Wirkungsnachweis für diese Medikation wird die Wissenschaft wahrscheinlich noch länger schuldig bleiben, für die Steinböcke kam diese Erkenntnis aber fast zu spät. Ende des 19. Jahrhunderts waren sie bis auf wenige Dutzend Exemplare im Gran-Paradiso-Gebiet aus den Alpen verschwunden.

Fallenstellen für den Tierschutz: Dieser Wissenschaftler hat unter einer getarnten Falltür gelauert, bis ein Steinadler beim Köder landet. Der Adler bekommt dann einen Satellitensender umgeschnallt.

Der Volksglauben schrieb dem Horn des Steinbocks magische Kräfte zu, die Naturheilkunde zauberte mit Steinbock-Blut Blasensteine weg, dem Adel gereichte die Pirsch auf die majestätischen Felsbewohner zum Vergnügen. Ob aus Aberglauben oder Jagdlust – die Steinböcke wurden noch im 19. Jahrhundert fast ausgerottet. Dass sie heute in die Alpen zurückgekehrt sind, verdanken sie König Viktor Emanuel II. Der italienische Monarch bewahrte die letzten paar Dutzend Exemplare, die in seinen Jagdgründen am Gran Paradiso überlebt hatten.

Steinböcke und Murmeltiere wurden eher unabsichtlich an den Rand der Ausrottung gedrängt, dagegen hatte die Verfolgung der räuberischen Alpenbewohner System. Mit der Erfindung der Feuerwaffen radikalisierte sich das Problem. Bald waren weite Regionen der geschrumpften Wälder leer geschossen. Hirsche und Rehe, klassische Beutetiere des Wolfs, ver-

schwanden stellenweise völlig, weshalb die Räuberrudel sich vermehrt unter den Haustieren nach Ersatz umsahen. Mit den Gewehren konnte aber auch Wölfen und Luchsen aus komfortabler Entfernung der Garaus gemacht werden. Abschussprämien sorgten für finanziellen Anreiz, Tellereisen, Fallgruben und Giftköder erhöhten die Erfolgsquote zusätzlich. Die Folgen

ließen nicht lange auf sich warten. Vor 150 Jahren wurden die letzten größeren Wolfsrudel im Alpenraum erlegt, etwa zur selben Zeit verschwanden auch die Luchse aus den Wäldern. Ein halbes Jahrhundert später folgte ein harmloser Aasfresser, der wegen seiner stattlichen Körpergröße aber hartnäckig des Lämmerraubs und sogar der Kindesentführung bezichtigt

wurde. Davor hatte der Bartgeier noch einen bemerkenswerten Imagewandel erfahren – vom ruchlosen Schädling der Landwirtschaft zur gesuchten Rarität. Das gab den Geiern den Rest.

Trophäenjäger und Sammler zahlten in der zweiten Hälfte des 19. Jahrhunderts sehr hohe Preise für die Tiere, ob als exquisites Haustier oder als ausgestopfter Kaminschmuck. Schon zuvor war es für die berüchtigten „Lämmergeier" eng geworden in den Alpen. Die extensive Weidewirtschaft wurde zusehends aufgegeben, die Bestände von wilden Huftieren hatten einen historischen Tiefpunkt erreicht. Die letzten Kadaverreste verschwanden von den Almen, den Bartgeiern war damit endgültig die Nahrungsgrundlage entzogen. Die Abschussprämien blieben aber trotzdem ausgelobt. Was mancherorts erste Zweifel an der geübten Praxis aufkeimen ließ. So diskutierte man in Graubünden bereits 1887 Schutzmaßnahmen für den „äußerst seltenen Vogel, der niemals großen Schaden angerichtet hat, jedenfalls aber eine Zierde des Hochgebirges ist", wie es in einem Schreiben des Landwirtschaftsdepartements an die Regierung hieß. Die Einsicht kam zu spät. Als sich in der Schweiz schon lange kein Bartgeier mehr blicken ließ, wurde am 29. Oktober 1913 im italienischen Aostatal das wahrscheinlich letzte Exemplar der Alpen abgeschossen.

Es sollte genau 73 Jahre dauern, bis der erste Bartgeier wieder in die Alpen zurückkehrte. Wie alle Tiere, die beginnend mit 1986 ausgewildert wurden, stammte er aus Zoozüchtungen. Seitdem wurde in vier Gebieten – den Hohen Tauern, im Engadin, den

Seealpen von Mercantour und im Bargy-Massiv westlich des Montblanc – 98 Junggeiern die Freiheit geschenkt. Jeder Einzelne ist den Wissenschaftlern mit Namen bekannt und wird sein ganzes Leben hindurch genau beobachtet. Markierungsringe und gebleichte Schwungfedern helfen, die Spur der raren Geier nicht zu verlieren. Wie es aussieht, lohnt sich der Aufwand: Die Tiere bildeten Brutpaare, Jungtiere schafften es, neue Reviere zu besetzen, und sorgten ihrerseits für Familiengründungen. 1997 schlüpfte der erste in Freiheit geborene Bartgeier und verstärkte die fragile Population in den Alpen, die sich zaghaft zu etablieren beginnt.

Die Idee ist nicht neu. Der Schweizer Carl Stemmler warb bereits in den frühen zwanziger Jahren für die Wiederansiedelung der Bartgeier. Allerdings stießen seine Vorschläge bei der Verwaltung des neu gegründeten Schweizerischen Nationalparks auf wenig Verständnis. Bezeichnend war auch, dass die erste erfolgreiche Rückkehr eines ausgerotteten Alpentiers nicht unbedingt dem Artenschutz-Gedanken entsprang.

Zu Beginn des 19. Jahrhunderts hatte man fast alle Steinböcke von den Steilhängen der Alpen geschossen. Nur knapp 100 lebten noch im Gebiet der Gran-

Paradiso-Gruppe. Dies bewog den italienischen König Viktor Emanuel II., von seinem Jagdrecht nur in geringem Ausmaß Gebrauch zu machen. Die Steinböcke konnten in ihrer piemontesischen Arche Noah auf bessere Zeiten warten. Und die kamen zu Anfang des 20. Jahrhunderts, als nach und nach Steinböcke aus der Gran-Paradiso-Population zuerst in der Schweiz, dann im gesamten Alpenraum ausgesetzt wurden. Anfangs allerdings vor allem als bewegliche Ziele. Mancher Jäger wollte die äußerst begehrte Trophäe einfach wieder von Zeit zu Zeit ins Visier nehmen. Der Abschuss war streng kontrolliert und wohlhabenden Weidmännern vorbehalten. Aber nicht die Absicht zählt, sondern das Ergebnis: Mehr als 25.000 Steinböcke bevölkern heute wieder den Alpenraum.

Noch früher kam die Nachsicht mit den Murmeltieren. Sie waren bereits im 19. Jahrhundert weiträumig ausgerottet worden. In den österreichischen Alpen versuchte man das ab 1860 rückgängig zu machen. Im Sengsengebirge und im Karwendelgebiet sollte ihnen wieder der Aufenthalt schmackhaft gemacht werden. Weitere intensive Bemühungen folgten, auch von Seiten der Jägerschaft. Mit dem Ergebnis, dass die Population wieder stark angestiegen ist und sich das Murmeltier so weit verbreitet hat wie noch nie zuvor.

Hier hatte es der Luchs weit schwerer. Bis 1900 waren die großen Katzen aus den europäischen Wäldern völlig verschwunden. Sie wurden noch im späten 19. Jahrhundert als ruchlose Räuber bezeichnet, die sich in blindem Blutrausch an unschuldigen Lämmern weideten. 1971, als die ersten Luchse in der Zentralschweiz ausgewildert wurden, glaubte das zum Glück fast niemand mehr. Außer manchen Jägern, die den Luchsen nach wie vor jene ungefähr 50 Rehe übel nehmen, die pro Pinselohrenpaar im Jahr gerissen werden. Die Alpen mit ihren noch relativ großen zusammenhängenden Waldflächen bieten den Luchsen die letzten Lebensräume in Mitteleuropa. Nur hier können sich die einzelgängerischen Katzen mit einem

Anfang der sechziger Jahre wurden Schweizer Steinböcke im Glocknergebiet ausgewildert. Sie besiedelten diesen Teil der österreichischen Alpen aufs Neue und erreichen mittlerweile stattliche Bestände.

Streifgebiet von bis zu 100 Quadratkilometern frei entfalten. Wenn man sie lässt.

Mit noch erheblicheren Imageproblemen kämpft ein anderer, ebenso rarer wie legendärer Waldbewohner. Er beschäftigt in Österreich sogar eigene Anwälte. Kaum ein Wildtier erzielt bei extrem geringer Verbreitungsdichte eine solche öffentliche Wirkung. Dabei verfügen Braunbären nur über eine bemerkenswerte Mischung aus Neugier und Intelligenz. Sie lernen schnell, Gratis-Ausspeisungen zu nutzen, egal, ob sich die Imbisse in der Mülltonne, bei einer Wildfütterung oder auf der Weide befinden.

In letzterem Fall haben die Happen allerdings kurz zuvor noch gelebt, was verständlichen Unmut seitens der Kaninchen- oder Schafbesitzer hochkommen lässt. Haben die Bären erst einmal gelernt, wie leicht es ist, menschliche Einrichtungen zu plündern, überwinden sie ihre natürliche Scheu und werden zu Wiederholungstätern. 1972 verschlug es den legendären „Ötscherbären" aus Slowenien in die niederösterreichisch-steirischen Kalkalpen. Seitdem sind Hunderte Begegnungen zwischen Menschen und Bären aus der Gegend aktenkundig geworden. Aber in den allermeisten Fällen zogen es die Bären vor, auf hängende Sauhälften, erlegtes Wild oder blökende Hofbewohner zu verzichten. Nach einer Welle von Begegnungen mit „Problembären" im Jahr 1994 ist es inzwischen wieder ruhiger geworden um die großen Räuber der Alpen. Die Tendenz ist aber unübersehbar: Die Bären kommen wieder, auch wenn sie im Alpenraum vorerst nur 30 bis 35 Exemplare zählen. Eine Sonderstellung nehmen die drei Tiere ein, die nördlich des Gardasees eine Zuflucht gefunden haben. Sie sind die letzten Überlebenden der ursprünglichen Population von Alpenbären. Aber auch zu dritt kann es ganz schön einsam sein. Die Bären der Adamello- und Brenta-Gruppe haben schon seit Jahren die Lust verloren, sich fortzupflanzen. Deshalb sollen sie jetzt von sechs Braunbären aus Slowenien aufgemuntert werden, die in der Gegend ausgesetzt wurden.

Zumindest ebenso erstaunlich scheint, dass auch die Fischotter zaghafte Versuche zur Rückkehr in die Alpen unternehmen. Die wasserliebenden Marder wurden immer schon erbittert verfolgt – zumindest seit die Menschen Fischwirtschaft betreiben. Bis

heute entsichert mancher Teichbesitzer die Fangeisen, kaum dass die Anwesenheit eines Otters ruchbar wird. Fischotter finden sich inzwischen eher auf der Roten Liste als an den Gewässern der Alpen. Wo sie der Rache der Fischer entgehen konnten, entzogen ihnen Flussverbauungen und schlechte Wasserqualität die Lebensgrundlage.

Ebenso unbarmherzig ging man gegen den Erzfeind Wolf vor. Und vor gar nicht allzu langer Zeit sah es so aus, als hätte man es tatsächlich geschafft. Nach Jahrtausenden erbitterter Verfolgung gerieten um die Jahrhundertwende die letzten Wölfe in Schusslinien und Tellereisen. Nur verstreut in den entlegensten Regionen der Apenninen hatten etwa 100 Tiere die beispiellose biologische Vendetta überlebt. Überhaupt schien man in Italien ein entspannteres Verhältnis zu den sagenumwobenen Räubern zu haben und amü-

Der Bauernschreck ein 6 jähriger Balkan-Wolf. Erlegt bei Waldenstein in Kärnten am 5. März 1914 durch den Gräfl. Henckel-Donnersmarck'schen Jäger Paul Steinbauer.

·F. ERBEN, GRAZ.

sierte sich über die „Spaghetti-Wölfe", die nachts Pasta-Reste aus den Mülltonnen stibitzten. 1976 wurden sie unter Naturschutz gestellt. Langsam erholten sich die Bestände, gegenwärtig leben etwa 400 Wölfe in ihrem Apennin-Refugium.

Allmählich wird dort der Platz knapp. Das merken die Schafbauern im Nationalpark Mercantour daran, dass ihnen in den vergangenen Jahren immer wieder Schafe abhanden gekommen sind. Die Wölfe breiten sich nordwärts in die Alpen aus. Ab 1992 häuften sich Berichte über Wolfsbeobachtungen aus den Seealpen nördlich von Nizza. Kurz danach wurde der erste Wolf im italienisch-französischen Grenzgebiet nachgewiesen – als Verschütteter in einer Lawine. 1994 sah sich die französische Regierung veranlasst, ein neues Schutzgesetz zu erlassen, das die Tötung eines Wolfs

Die Bestie vom Dienst: Keinem anderen Tier wurden von den Menschen solche unsympathischen Eigenschaften nachgesagt wie dem Wolf. Doch 150 Jahre nach ihrer Ausrottung kehren die Wölfe in die Alpen zurück.

Vorhergehende Doppelseite: Das Heulen ist ein weithin vernehmbares Mittel zur Kommunikation innerhalb des Wolfsrudels. Für menschliche Ohren mag der nächtliche Gesang unheimlich klingen, aber die Wölfe sprechen sich damit gegenseitig Mut zu.

unter empfindliche Strafen stellt. Im Gegenzug wurden staatliche Kompensationszahlungen für Schäden an den Schafherden angeboten. In der Zwischenzeit kosten die Ernährungsgewohnheiten der 25 bis 30 französischen Wölfe knappe 300.000 Euro im Jahr.

Doch die Wölfe sind noch nicht am Ziel. Zwar beginnen sie erst mit unsicheren Schritten den Alpenraum wieder zu besiedeln. Menschliche Hilfe werden sie dazu wahrscheinlich gar nicht brauchen. Heute haben sich nicht nur die Bergwälder wieder weiträumig ausgebreitet, auch der Wildbestand ist größer als noch vor 200 Jahren. Der Höhepunkt der menschlichen Besiedlung war bereits Mitte des 19. Jahrhunderts überschritten. Die Bedingungen für eine Rückkehr sind so gut wie schon lange nicht. Und die Alpen sind immer noch der größte zusammenhängende Naturraum in Europa, der über weite Strecken unversehrt geblieben ist.

Der Steinadler könnte den Weg weisen. Auch er war zu Beginn des vorigen Jahrhunderts fast völlig aus dem großen Gebirgszug verschwunden. Hundert Jahre später haben sich seine Bestände dank strengster Schutzbestimmungen stabilisiert – der Beweis, dass es oft nicht mehr braucht, als der Natur freien Lauf zu lassen. Inzwischen teilen sich die majestätischen Greifvögel ihre riesigen Reviere am Himmel über Europa wieder untereinander auf. Der Steinadler hat sein Reich aus eigener Kraft zurückgewonnen.

Wölfe leben in straff durchorganisierten Gruppen. Jedes Tier darf nur die Aufgabe erfüllen, die seine Rangposition erlaubt. Diese Form von Arbeitsteilung macht die Wölfe so erfolgreich.

MAKING OF ...

Making of ...

Wenn im „Im Reich des Steinadlers" die letzte Klappe gefallen ist, liegen fünf Jahre Produktionszeit hinter uns. Wir haben dann 650 Drehtage absolviert und dabei 48 Kilometer Film verdreht, Hunderte wissenschaftliche Bücher gelesen und 350.000 Höhenmeter erstiegen. Auf insgesamt 57 Gipfeln haben wir 25 Sonnenaufgänge erlebt und ungezählte Stunden auf ein dramatisches Unwetter gewartet. Wir sind unter eine Lawine gekommen, bei minus 26 Grad Celsius in einen Fluss eingebrochen und wir mussten tagelang bei Stürmen bis zu 160 Km/h durchhalten. Doch die härteste Prüfung: 20 Wochen endloses Warten in Tarnzelten, Erdbunkern und Schneeverstecken. Manchmal rund um die Uhr und allzu oft ohne Erfolg. Ein quälender Kampf gegen die lähmende Langeweile – und das für einige magische Momente: die erste Geburt eines Wolfes, das Erwachen einer Murmeltierfamilie nach fast acht Monaten Winterschlaf oder das geheime Leben von Schneemäusen in 4000 Meter Höhe.

Hätten wir gewusst, welche Höhen und Tiefen auf uns zukommen würden, vielleicht hätten wir es uns überlegt und einen anderen Film gemacht. Doch nun sind 100 Stunden Rohmaterial geschnitten und vertont und die kühnen Visionen des Anfangs zu unserem Film geworden. Für all den kompromisslosen Einsatz und ihr Verständnis möchte ich mich bei meiner Frau Rita, bei Rolando, Norbert und Klaus sowie dem gesamten Team bedanken.

Michael Schlamberger

Credits:

Series Producer
Michael Schlamberger

Producer
Norbert Winding, Klaus Feichtenberger

Buch
Michael Schlamberger, Klaus Feichtenberger,
Norbert Winding

Kamera
Michael Schlamberger, Rolando Menardi

Ergänzende Kamera
Helmut Schubert, Albert Ausobsky

Schnitt
Andrew Naylor

Musik
Kurt Adametz

Textgestaltung
Martin Mészáros

Sprecher
Otto Clemens

Ton
Rita Schlamberger, Jörg Goldbrunner,
Otmar Penker

Tonschnitt
Paul Clark

Compositing
Raimund Sivetz

Produktionsleitung
Rita Schlamberger

Executive Producer
Walter Köhler

Produktion
Science Vision
Filmproduction

239

Bildnachweis

Ausobsky Albert: Seite 56, 57, 83 alle, 106 oben, 115, 134, 144 oben, 144 mitte, 152, 153, 164 oben, 164 mitte, 206

Baumgartner Leo: Seite 28, 36, 44, 47, 48, 50, 52, 54, 58 unten, 64, 71, 79, 82, 84, 88, 89, 96, 99, 100, 130, 143, 146, 148

Brunner Helwig: Seite144 unten, 164 unten

Buenos Dias: Seite 160 (Benelux Press)

Bündner Natur- Museum: Seite 222

Eisenbeis Gerhard: Seite 93

Furch Michael: Seite 2, 227

Haus der Natur: Seite 45, 46

Hüttenmoser Eugen: Seite 105 alle, 155

Landesmuseum Kärten/Alesch Klaus: Seite 232

Loertscher Patrick: Seite 62, 114, 214

Mathis Peter: Seite 38, 104

Mayr Roland: Seite 30 oben, 80, 102, 106 unten, 116 unten, 125 alle, 136 unten, 137, 139 oben und unten links, 154, 191, 192 oben, 193, 195, 209

Menardi Rolando: Fotos aus dem Buch „La Natura di Cortina d'Ampezzo" gedruckt bei NED (Nuove Edizioni Dolomiti-Cortina Italy): Seite 26, 32 unten, 40, 73, 139 unten, 169, 174, 181

Photoarchive Lammerhuber/Lois Lammerhuber: Seite: 208, 210, 211 alle, 212, 213, 215

ScienceVision/Feichtenberger Klaus: Seite 18 , 59, 74, 78, 112

ScienceVision/ Schlamberger Rita und Michael: Seite 8, 10, 14 , 16 , 20 , 22 , 31 oben und unten , 32 oben , 33 alle, 34, 58 oben, 60, 66, 68, 76, 81 unten, 87, 90 alle, 94, 107, 108, 117, 118, 119 alle, 120, 122, 123, 128, 132, 136 oben, 138 oben mitte, 138 unten, 140, 142 oben, 150, 151, 156, 158 alle, 159 alle, 162, 166, 170, 171, 172 all, 173 alle, 182, 189 alle, 192 unten, 194, 197, 200 all, 201 alle, 202, 203, 204, 216, 218, 221, 223, 224, 230, 233, 234, 236 alle, 237 alle, 238 alle, 239 alle

ScienceVision/ Winding Norbert: Seite 12, 30 unten, 42, 70, 86, 92, 124, 126, 133, 142 unten, 176, 177, 178, 183, 184 alle, 186, 188, 196, 198, 225

Schreiner Peter: Seite 67

Schweizerischer Nationalpark: Seite 220 alle

Steinwild Hegegemeinschaft Großglockner: Seite 226, 228 alle, 229 alle